직장인 열에 아홉은
묻고 싶은 질문들

직장인 열에 아홉은 묻고 싶은 질문들

| SERI CEO 최고 강사 신상훈이 전하는 직장 처세술 |

신상훈 지음

위즈덤하우스

>>> 머리말

포스코에서 직장인을 위한 고민을 상담해 달라는 원고 청탁을 받았습니다. 제가 과연 그들의 고민에 바른 해답을 줄 수 있을까 머리를 갸우뚱하다가 일단 고민 사연을 받아보기로 했습니다. 그런데 의외로 답이 쉽게 보이더라고요. 아마도 모든 것을 살짝 비틀어 보던 저의 습관 때문에 쉽게 보였던 모양입니다.

유머작가로, 유머강사로 오랜 세월을 보내면서 항상 똑바로 보기보다 살짝 비틀어 보는 데 익숙해졌습니다. 똑바로 보면 답이 안 보이지만 옆으로 보면 보이거든요. 그렇게 모아진 글들이 이제 책으로 묶여서 나오게 됐습니다.

이 책이 직장인들의 고민을 모두 해결해 주지는 못할 것입니다. 그러나 다른 각도의 해결방법을 제시해 줄 수는 있겠죠. 그러니까 한 번에 읽어버리지 말고 답답하고 고민될 때 비슷한 카테고리의 글들을 읽으면서 자신만의 방법을 찾는 데 도움을 얻기 바랍니다.

　최근 이런 Q&A 책들이 인기가 많습니다. 왜 그런가 했더니, 자기 문제를 해결하기 위해 '지식iN'에 물어보거나 SNS로 타인들에게 공개를 해서 해결하려는 경향이 강하고, 자신만의 문제로 보지 않고 공론화시켜서 그 해답을 찾으려고 하더라고요.

　타인의 의견을 구하는 것은 일단 긍정적인 측면이 있지만 그래도 최종 결정은 자신이 해야 합니다. 인생은 선택이고, 선택은 책임이 따르니까요. 이 책에 나오는 저의 해답도 하나의 방법으로 인식하시고 최종 결정은 역시 본인이 내리셔야 합니다.

　요즘 젊은 직장인들은 우리 세대에 비해서 고민이 더 많은 것 같습니다. 사회가 복잡해지면서 선택의 폭도 넓어지고 가짓수도 늘었기 때문이겠지요. 더구나 옳고 그름이 확실하던 시대에서 모든 게 불확실한 시대로 바뀌면서 선택하기가 쉽지 않을 것입니다. 그러나 이럴수록 강조하고 싶은 것은 '빨리', '정확히', '후회 없는' 선택을 해야 한다는 것입니다. 왜냐하면 변화의 속도가 빠르기 때문에 자칫 잘못하면 나만 뒤처지는 결과를 초래하니까요.

　이 책은 빨리 이해할 수 있도록 쉬운 문장으로 썼습니다. 그리고 옆에서 이야기를 듣고 조언을 해주는 느낌이 들도록 구어체로 썼습니다. 답답한 가슴에 시원한 빗줄기가 되었으면 하는 바람입니다. 때로는 뒤통수를 맞는 충격으로 다가와 확실한 변화가 일어나기를 기원합니다.

　더욱 바라기는, 이 책이 필요 없는 직장인들이 많아졌으면 합니다.

　소중한 자신의 고민을 털어놔주신 수백 명의 직장인들과 좋은 책으로 엮어주신 편집진에게 감사드립니다. 고민 없는 직장인들이 더 많아져서 우리나라의 모든 회사가 'Great Working Place'가 되었으면 합니다.

2013년 말복, 김포에서
신상훈

>>> 차례

머리말 _005

PART 1 >>> 정글 같은 직장에서
악착같이 살아남는 법

Q 마음 안 맞는 직원이 있는데, 부서 이동 요청해도 될까요? _016
Q 연봉협상, 유리하게 이끄는 방법 없을까요? _019
Q 상사의 SNS 친구 신청 수락해야 하나요? _022
Q 잘난 동료 때문에 기가 죽습니다 _023
Q 상사가 자꾸 제 아이디어를 꿀꺽합니다 _026
Q 여가생활을 배려해주지 않는 회사, 어떻게 해야 할까요? _029
Q 퇴근 시간이 지나도 일하는 상사, 기다려야 할까요? _032
Q 술자리를 자주 가져야 직장생활이 편해질까요? _035
Q 직장 내 성희롱, 어떻게 대처해야 할까요? _038
Q 뒷담화, 같이하는 게 좋을까요? 모른 척하는 게 좋을까요? _041
Q 매사에 뺀질거리는 후배, 어떻게 해야 할까요? _044
Q 자기감정을 너무 직설적으로 드러내는 동료 때문에 불편합니다 _047
Q 회사에 꼭 필요한 존재인지 모르겠습니다. 어떻게 알 수 있을까요? _050
Q 노회한 선배와 영악한 후배 사이에서 숨이 막힙니다 _051

- Q 저와 거리를 두는 동료들에게 제가 더 다가가야 할까요? _054
- Q 왜 월급은 팍팍 안 오를까요? _057
- Q 매일 점심, 무엇을 먹을지 고민입니다 _059
- Q 상사가 칼퇴를 허락했습니다. 그래도 괜찮은 걸까요? _061
- Q 가족 행사와 회식이 겹쳤을 때 무엇을 선택해야 할까요? _064
- Q 갑자기 주말에 일하자는 선배, 어쩌면 좋죠? _067
- Q '짜장면'을 선택한 팀장님. 메뉴를 짜장면으로 통일해야 할까요? _069
- Q 신입사원은 가장 먼저 출근해야 하나요? _072
- Q 술을 잘하지 못하는데, 회식은 몇 차까지 가야 할까요? _074
- Q 2만 원을 빌려간 동료가 도통 갚을 생각을 하지 않습니다 _077
- Q 친하지 않은 동료의 결혼식, 꼭 가야 할까요? 축의금은 얼마가 좋을까요? _078
- Q 충성했던 상사가 갑자기 퇴사했습니다. 줄을 바꿔 타야 할까요? _081
- Q 상사와 부적절한 관계라고 소문이 났습니다. 억울해 죽겠습니다 _084
- Q 회사 왕따가 된 것 같습니다. 어떻게 극복해야 할까요? _086
- Q 성격이 문제인지 사회성이 부족한 건지 사람들과 어울리기 어렵습니다 _089
- Q 시키는 일밖에 하지 않는 부하 직원, 어떻게 할까요? _091
- Q 나이 많은 부하 직원, 어떻게 대해야 할까요? _094
- Q 사내 연애는 숨기는 게 좋을까요? _097
- Q 회사 사람은 좋은 동료일 뿐 친구가 될 순 없나요? _100
- Q 상사가 노골직으로 관심을 보입니다. 어떻게 해야 할까요? _103
- Q 직장생활이 마치 가면을 쓰고 사는 것 같아 괴롭습니다 _106
- Q 워크숍 중 담배 피다가 상사에게 딱 걸렸을 때 어떻게 모면해야 할까요? _110
- Q 지각했을 때 어떤 핑계가 최선일까요? _112
- Q 슬럼프가 왔는지 일하기가 정말 싫습니다 _115
- Q 과거 선후배였던 사이가 직장에서 뒤바뀌어 혼란스럽습니다 _118

Q 말대꾸한다고 선배에게 혼났습니다. 일만 잘하면 되는 거 아닌가요? _121
Q 상사가 껌팔이 할머니를 외면하는데, 이럴 땐 어떻게 해야 할까요? _124
Q 회사로부터 권고 퇴직 암시를 받았습니다. 이제 어떻게 해야 할까요? _127
Q 상사와 불화가 생겼을 때 어떻게 해결하면 좋을까요? _129
Q 작은 말실수에도 꼬투리 잡는 여직원과 잘 지내는 방법은? _132
Q 회사를 몇 개월 다녀 보니 어느새 업무가 싫증 나고 회의감도 생깁니다 _135
Q 왕따인 상사와 잘 지내는데, 저까지 왕따가 될까봐 두렵습니다 _137
Q 어떻게 하면 하기 싫은 일도 즐기면서 할 수 있을까요? _140
Q 나이 어린 상사를 모시자니 자존심 상하고, 괜히 어딘가 여행가고 싶어요 _144
Q 월급은 많이 받지만 보람은 없습니다. 직장을 옮겨야 할까요? _147

PART 2 >>> 애매한 인간관계를 정리하는 본격 기술

Q '나쁜 남자' 남친과 결혼하면 후회할까요? _152
Q 남녀 사이에서는 어떤 배려가 필요할까요? _155
Q 여자 친구가 담배를 핍니다. 재치 있게 끊게 할 방법 없을까요? _158
Q 자주 연락하지 않는 그 남자, 어떻게 해야 할까요? _160
Q 보험 때문에 자꾸 연락하는 친구, 단칼에 거절할 방법 없을까요? _162
Q 밀당은 꼭 해야 하는 걸까요? _165
Q 남자 친구와 종교가 달라 갈등을 겪고 있습니다 _167
Q 배우자 이외에 이성 친구를 만나는 건 정말 안 되는 일일까요? _170

Q 데이트할 때 절대 열리지 않는 그녀의 지갑, 어떻게 하면 열릴까요? _173
Q 결혼 전에는 정말 여러 사람을 만나보는 게 좋을까요? _176
Q 미지근해진 연애, 어떻게 하면 처음처럼 설렐 수 있을까요? _179
Q 뻔한 소개팅이 지겹습니다. 운명적 상대가 나타나긴 하는 걸까요? _182
Q 미혼이랬더니 이상한 사람 만나보라 하고, 애인 있댔더니 연애 얘기까지 물어봅니다 _186
Q 연애를 쉽게 시작하고 마음도 금방 식어버립니다 _188
Q 모든 사람에게 잘 보이려는 남친, 이젠 여자 많은 모임에 나가겠답니다 _190
Q 거래처 직원에게 호감이 있습니다. 고백해도 괜찮을까요? _194
Q 연애하고 싶은 사람, 결혼하고 싶은 사람은 따로 있는 걸까요? _197
Q 호감이 갔던 상대가 정작 다가오면 뒷걸음질 치게 됩니다 _199
Q 부잣집 사모님이 된 친구, 패배감 들지 않고 만날 수 있을까요? _201
Q 평소에 연락 없던 친구에게서 경조사 연락이 왔을 때 가야 하나요? _203
Q 돈도 많으면서 빈대 붙는 친구, 어떻게 퇴치할까요? _205
Q 학창시절 친구와 직장생활 친구, 어떻게 다를까요? _208
Q 친구가 돈을 갚지 않습니다. 해결할 방법 없을까요? _209
Q 결혼한 친구들의 대화에 공감하기 어렵습니다 _212
Q 매사 저와 자꾸 비교하면서 경쟁하려는 친구, 어떻게 하면 좋을까요? _214
Q 친구와도 가끔 연인처럼 권태기가 생깁니다. 어떻게 극복할 수 있나요? _216
Q 취업 못한 친구에게 먼저 연락해도 괜찮을까요? _218
Q 영원한 친구란 없고, 친구라 성녕 결혼하기 전까지만인가요? _220
Q 만날 때마다 자기 집 근처에서만 보자는 친구, 얄미운데 어떻게 할까요? _223
Q 친구와 소득 차이가 점점 벌어져 만나기가 꺼려집니다 _225
Q 보증 서 달라는 친구, 잘 거절하는 법 없을까요? _228
Q 어딜 가나 제가 먼저 돈을 내는 편인데 가끔 속이 상합니다 _230
Q 친구가 사준 로또 2등으로 당첨됐습니다. 친구와 나눠 가져야 할까요? _232

PART 3 >>> 후회 없는 삶을 살기 위한 인생 리셋법

- Q 돈은 못 벌어도 진정 원하는 일이라면 행복해질 수 있나요? _236
- Q 나이는 자꾸 드는데 일은 하기 싫어지고, 언제까지 일해야 할까요? _239
- Q 정해진 기준은 없다지만 정상 궤도를 벗어날까봐 겁이 납니다 _241
- Q 마흔 넘어가면서 삶이 부질없이 느껴질 때, 좋은 슬럼프 탈출책이 있을까요? _244
- Q 유학을 가는 게 좋을지 빨리 취직하는 게 좋을지 모르겠습니다 _247
- Q 취업은 안 되고, 남들보다 뒤처지는 것 같아 불안합니다 _250
- Q 워킹맘인 저 자신을 위해 어떤 투자를 하면 좋을까요? _253
- Q 사회적으로 성공하고 가정도 잘 꾸리는 슈퍼맘 되기, 정말 어려울까요? _256
- Q 정년 퇴임을 앞두고 있는데 일은 계속할 생각입니다. 어떤 준비를 해야 할까요? _259
- Q 지금 하는 일에 흥미도 재능도 없습니다. 계속 이 일을 해야 할까요? _261
- Q 40대 중반인데 늘 돈에 허덕이고 있습니다. 어떻게 해야 할까요? _263
- Q 10년 후쯤 퇴직한다면, 두 번째 직업으로 무엇이 좋을까요? _266
- Q 버는 것보다 쓰는 것이 많아요. 어떻게 해야 할까요? _269
- Q '회사⇄집'으로 반복되는 일상이 지루해 죽겠습니다. 특별한 탈출법 없을까요? _272
- Q 떨어지는 집값 때문에 걱정입니다. 집을 팔아야 할까요, 그냥 살아야 할까요? _275
- Q 마흔이 오는 게 무서워요. 어떡하면 좋을까요? _277
- Q 마흔이 넘어 다시 공부를 하고 싶은데 괜찮을까요? _279
- Q 지하철에서 할아버지가 서 계신 걸 뒤늦게 봤는데 화를 내십니다. 어쩌면 좋죠? _281
- Q 지금 하고 있는 일이 천직인지 아닌지 어떻게 알 수 있을까요? _283
- Q '나'는 사라지고 팀장, 남편, 아버지만 남은 것 같아요. 이 상실감 어쩌면 좋죠? _285
- Q 가족과 대화가 거의 없습니다. 어떻게 풀어갈 수 있을까요? _287

Q 가족 모두 시간적 여유가 있을 때 무엇을 함께하면 좋을까요? _290

Q 서먹해진 부모님과 친해질 수 있는 좋은 방법 없을까요? _291

Q 부모님에 대한 애틋함이 더 커집니다. 어떻게 추억을 공유할 수 있을까요? _294

Q 딸아이 성적이 좋지 않아 걱정입니다. 걱정을 없애는 좋은 방법 없을까요? _297

Q 부모님(시부모님, 장인장모) 생신 선물로는 뭐가 좋을까요? _299

Q 남편이 야한 동영상을 많이 봅니다. 어떻게 끊게 할 수 있나요? _300

Q 무뚝뚝한 시댁 식구들 어떻게 대해야 할까요? _302

Q 반대를 무릅쓰고 결혼한 남편이 외도에 이혼요구까지. 받아들이기 힘듭니다 _305

Q 결혼엔 욕심을 버리게 되었는데요. 결혼, 그거 꼭 해야 하나요? _307

Q 남들과 비교하지 않고 사는 방법 좀 알려주세요 _310

Q 책 읽을 시간이 부족합니다. 속성으로 하는 독서법 따로 있나요? _313

Q 버스 안에서 30분 넘게 통화하는 사람, 어떻게 말해야 민망하게 만들까요? _315

Q 남친 스펙 때문에 부모님이 결혼을 반대해요. 야반도주라도 해야 할까요? _317

Q 사춘기를 6년째 앓고 있는 아들에게 무엇을 어떻게 해줘야 할까요? _319

Q 아이를 달달 볶아서 외고를 보내는 것이 아이를 위하는 일일까요? _322

Q 독선적인 아버지 때문에 가족들이 몹시 힘들어 합니다 _325

Q 대기업만 지원하는 아들이 안타까운데, 어떻게 용기를 줄 수 있을까요? _327

Q 일을 많이 한다고 가족들이 불평합니다. 서른이면 한창 일할 때 아닌가요? _330

Q 천사표 신랑이지만 제 말을 잘 무시합니다. 어떻게 해야 말을 들을까요? _332

Q 독립 후에도 계속되는 부모님의 과노한 관심, 이떻게 헤아 하죠? _335

Q 배우자와 저의 교육철학이 다른데, 맞춰갈 방법이 있을까요? _338

? ?

…친하게 이끄는 방법 없을까요? | 상사의 SNS 친구 신청 수락해야 하나요? | 잘난 동료 때문에 자꾸 기가 죽습니다. | 상사가 자꾸 제 아이디어를 꿀꺽합니다. | 여가생활을 막는 회사, 어떻게 해…

<<< PART 1

정글 같은 직장에서
악착같이 살아남는 법

마음 안 맞는 직원이 있는데, 부서 이동 요청해도 될까요?

Q

>>> 정말 힘드시겠군요. 이럴 때 먹어야 하는 닭이 있습니다. 토닥토닥. 위안을 받아야 할 때입니다. 회사 다니기 싫은 가장 큰 이유는 사람 때문입니다. 사람이 가장 힘들게 합니다.

그렇다고 부서 이동을 요청하면 안 됩니다. 왜냐하면 옮겨간 부서에는 맘에 안 맞는 직원이 두 명 있을지도 모르니까요. 이번 기회에 싫은 사람과 친해지는 법을 배워 보도록 하세요.

인간관계에서 가장 중요한 사람은 '나'입니다. 나는 이 세상의 주인공이고 회사의 주인공입니다. 남들은 내가 '을'이라고 하지만 사실은 내가 '갑'입니다. 그걸 빨리 깨달아야 인간관계가 풀립니다. 마음이 안 맞는 직원이 있어도 내가 '갑'인데 가긴 어딜 갑니까? 가려면 '을'이 가야죠. 따라서 관계가 잘 풀리든 안 풀리든 그 중심에 내가 있고 해결을 주도할 사람도 나라는 걸 기억하십시오.

　우선 맘이 안 맞는 직원을 관찰해 보세요. 그렇다고 몰래 카메라를 설치하거나 도청을 하라는 뜻이 아닙니다. 그가 하는 행동이나 사용하는 단어에 귀를 기울여 보세요. 그 사람의 내면이 보입니다. 예를 들어서 "왜 빨리빨리 못 해요. 왜 빨리빨리 안 주는 거죠?" 이런 식으로 '빨리빨리'를 외치는 사람이라면 성격이 급한 사람입니다. 당연히 느림의 미학을 추구하는 당신과는 안 맞을 수밖에 없죠. 이처럼 안 맞는 부분이 있을 때 누구의 잘잘못을 떠나서 정말로 그 혹은 그녀와 관계를 좋게 하고 싶다면 맞춰주면 됩니다. 맞추기 싫으니까 서로 으르렁대며 싸움이 일어나는 것입니다. 그 사람은 절대로 변할 맘도 없고, 변하지도 않고, 변하기도 쉽지 않습니다. 변화를 주도할 사람은 바로 '갑'인 당신입니다.

　마음이 안 맞으면 벌어지는 세 가지 현상이 있습니다.

　　1. 눈을 안 마주친다
　　2. 얼굴을 봐도 웃지 않는다
　　3. 말을 섞지 않는다

　변화를 위해 위의 세 가지를 반대로 실천하면 됩니다. 일단 맘이 안 맞는 직원과는 무조건 눈을 맞추세요. 처음에는 어려울 겁니다. 그러나 눈을 맞추는 데서 모든 것이 시작됩니다. 약간의 팁을 드리죠. 눈을 직접 보기 정말로 힘들면 그의 눈과 눈 사이를 바라보든가, 코끝을 보든가, 아니면 이상하게 생긴 인중을 뚫어지게 보세요. 그러나 가장 효과적인 것은 역시 눈을 맞추는 것입니다. 그리고 웃어 주세요. 이것도 어렵다고요? 그러면 입꼬리만 살짝 억지로 들어 주세요. 그리고 입을 열어 말을 해보세요. 상대를 변화시키는 가장 좋은 말은 칭찬입니다.

"좋은 일 있나 봐요. 얼굴이 밝아 보이네요."

"오늘 맨 넥타이 정말 멋있어요."

"아까 했던 프레젠테이션 정말 죽이던 걸요."

자기를 칭찬해 주는데 싫어할 사람은 없습니다. 그렇게 눈을 맞추고, 웃어주고, 칭찬을 한다면 관계는 점점 변합니다. 그가 변하지 않아도 좋습니다. 내가 변하니까요. 그를 싫어하던 내가 변하니까 나의 모습이 인자해 보이고 그래서 다른 사람들이 나를 좋아하게 됩니다.

그렇게 했는데도 그 직원과는 절대로 맘이 안 맞으면 어떻게 하냐고요? 작은 인형을 사세요. 그리고 퇴근 후 집에서 그 인형을 바늘로 쿡쿡 찌르면 됩니다.

연봉협상,
유리하게 이끄는 방법 없을까요?

Q

　　>>> 연봉협상을 할 때 가장 많이 하는 것은 '거짓말'이라는 통계가 있습니다.

"그 업무는 저도 할 줄 압니다."

"작년엔 목표를 초과 달성했습니다."

"동종업계의 비슷한 경력을 가진 사람이 저보다 많이 받는 것으로 알고 있습니다."

"벌써 경력으로 따지면 10년차인데 합당한 대우를 해주셔야죠."

그러나 이런 거짓말은 통하지 않습니다. 잘 넘어가더라도 1년 후에는 어쩌시려고요. 그래서 연봉협상을 위해서는 다음과 같은 사전 준비가 꼭 필요합니다.

첫째, 회사의 상황을 파악하라.

돈 주는 쪽은 회사죠. 그러니까 회사의 상황을 정확하게 파악하는 것이 우선입니다. 어려운 때에 너무 많이 불러도 미움을 받지만, 물이 들어왔는데도 노를 젓지 못한다면 그것도 현명한 태도는 아닙니다.

둘째, 나의 상황을 파악하라.

연봉은 나의 가치를 돈으로 파악하는 자리입니다. 내 가격이 얼마인지 정확히 아는 것이 중요하죠. 내가 회사에 기여한 일들을 꼼꼼히 따져서 수치로 나타내야 합니다. 업무자료를 문서로 만들거나 동종업계의 연봉을 미리 알아보는 것도 좋은 방법입니다.

셋째, 너 자신을 알라.

자신의 가치를 분석해서 객관적인 근거를 제시해야 합니다. 지난해 회사에 기여한 성과들을 화폐가치로 환산해보는 것이 중요합니다.

넷째, 준비는 미리미리!

연봉협상의 시기는 대부분 정해져 있습니다. 최소 1~2개월 정도 전에 모든 것을 문서로 일목요연하게 정리하는 것이 효과적입니다. 예상 질문에 미리 대답을 준비하는 것도 필수.

다섯째, 두려워 말라.

본인에게 약점이 있더라도 위축되거나 두려워 마십시오. 강점을 부각시키면 약점은 작아 보입니다. 그리고 돈 이야기하는 걸 두려워 마세요. 연봉협상의 목적은 어차피 돈이니까요.

여섯째, 열 받지 말라.

연봉인상률을 얘기하던 중 "회사 규정이 3%로 정해져 있다"라고 하면 대부분의 직장인들은 '한계'를 느끼며 돌아섭니다. 아니면 열 받아서 화를 내는 경우도 있습니다. 그러나 협상에서는 화를 내는 쪽이 지는 겁니다. 다소 과격해지는 말싸움에서도 "허허허, 그래도 저는 항상 회사를 사랑합니다"라고 말할 수 있어야 합니다.

일곱째, 상대방을 존중하라.

예의 바른 사람이 굶어 죽었다는 소리는 못 들었습니다. 항상 말과 행동은 정중하고 예의 바르게 하십시오. 연봉협상을 하는 상대방도 일을 하는 겁니다. 그러니 서로에 대한 배려가 중요합니다.

여덟째, 나의 연봉협상을 남에게 알리지 말라.

연봉협상에서 동료는 같은 금고에서 돈을 빼가야 하는 경쟁자입니다. 미리 협상을 끝냈더라도 자신의 이야기를 절대로 하면 안 됩니다. 근로계약서에 도장 찍고 나서 말해야 손해 보지 않습니다.

그러나 우리나라 연봉협상은⋯ 아직까지 요식행위에 불과하다는 느낌이 강합니다. 그냥 협상의 시간을 즐기세요.

상사의 SNS 친구 신청 수락해야 하나요?

Q

   >>> 페이스북을 끊으세요.

잘난 동료 때문에 기가 죽습니다

Q

　>>> 잘난 동료 때문에 기죽을 필요는 없습니다. 동료를 죽이든지 당신의 기를 살리세요. 사람은 태어나서 죽을 때까지 비교를 합니다. 자기 스스로 비교를 안 하고 싶어도 누군가에 의해 비교되고 있습니다. 어차피 내가 1등이 아니라면 누군가가 내 위에 있습니다. 그걸로 기가 죽는다면 당신은 기뿐만 아니라 모든 게 다 죽게 되어 있습니다. 기도 죽고, 자심감도 죽고, 거시기도 죽고….

그러니까 누군가 나보다 앞서 있다고 해서 실망하지 말라는 뜻입니다. 그게 쉽지는 않겠죠. 잘난 놈들은 항상 내 주변에서 알짱거리니까. 이럴 땐 노래를 불러 보세요.

젊은이들은 잘 몰라도 나이 지긋한 분들에겐 유명한 노래입니다. 가수 김용만의 「회전의자」. 직접 불러드리고 싶은데 책인 관계로 가사만 소개해 드리죠.

>빙글빙글 도는 의자 회전의자에
>임자가 따로 있나 앉으면 주인인데
>사람 없어 비워둔 의자는 없더라
>사랑도 젊음도 마음까지도 가는 길이 험하다고
>밟아버렸다
>아~~ 억울하면 출세하라 출세를 하라
>
>돌아가는 의자에 회전의자에
>과장이 따로 있나 앉으면 과장인데
>볼 때마다 앉을 자린 비어 있더라
>잃어버린 사랑을 찾아보자고
>밟아버린 젊은 꿈을 즐겨보자고
>아~~ 억울해서 출세했다 출세를 했다

간부급만 회전의자였고 일반 직원들은 모두 딱딱한 의자였던 시절, 기가 죽은 사람들에게 기를 살려주던 노래였습니다. 핵심 가사에 밑줄 쫙 쳐보세요. 억울하면 출세하라.

잘난 동료 때문에 기가 죽을 게 아니라 자살할 용기로 출세를 하는 게 정답입니다. '갑'이 되고 싶으면 그에 따른 노력밖에 없습니다. 남들에겐 거저 굴러 온 복 같지만 알고 보면 그 복도 자신이 노력한 결과라는 사실. 이걸 깨달아야 합니다. 그러기엔 너무 힘들 거라고요? 더욱이 기가 빠진다고요? 그래도 한 가지 반가운 사실. 2절 마지막 줄에 밑줄 쫙! <u>억울해서 출세했다.</u>

억울해서 노력했더니 출세를 했다는 거 아닙니까. 기죽지 말고 기를 쓰고 노력하면 언젠가 당신도 남들이 부러워하는 그 '잘난 동료'가 될 것입니다.

다시 한 번 느끼는 사실이지만 유행가 가사는 정말 대단해요. 마음을 울린다니까요.

상사가 자꾸
제 아이디어를 꿀꺽합니다

Q

>>> 아직도 이런 상사가 있나요? 그럼요. 많습니다. 늙어서 머리가 팽팽 돌아가지 않는 상사들은 누군가에게 빨대를 꽂아서 새로운 아이디어를 수혈받는 게 보통인데 그 빨대가 꽂힌 곳이 하필이면 당신이군요. 그래도 얼마나 다행입니까? 상사의 마음에 든 좋은 아이디어를 당신이 냈으니까. 그러니까 박탈감은 잊어버리시고 스스로에게 대견하다고 칭찬해 주세요.

그래도 당신의 아이디어를 도둑질한 상사가 미우신가요? 그렇다고 절대 그를 들이받지 마십시오. 왜? 상사를 들이받으면 하극상이니까. 군대에서 후임이 선임을 들이받는 것만 하극상이 아닙니다. 회사에서도 상사의 존재는 하늘과 같습니다. 그러니까 상사가 꿀꺽하기 전에 잘게 썰어서 먹기 좋게, 삼키기 좋게 상납을 했어야죠.

요즘 젊은 직원들은 대부분 외아들, 외딸이거나 형제자매가 한 명뿐이라서 부모로부터 극진한 대접을 받으며 큽니다. 그러다 보니까 상대방에게 잘 보이는 아부의 기술을 배울 기회가 없습니다. 서너 명씩 득실대는 형제자매들 속에서 크다 보면 형에게 잘 보여야 「플레이보이」 잡지라도 빌려 볼 수 있고, 언니에게 잘 보여야 화장품이라도 찍어 바르고 옷이라도 빌릴 수 있었죠. 그래서 통계적으로 보면 성공한 사람들은 외동으로 자란 사람보다 수많은 형제들 틈에서 끼이고 밟히다가 스스로 생존하는 법을 배운 사람들이 많다고 합니다. 앞으로 자신의 아이디어를 도둑질당하지 않는 방법을 미리 알려드리죠.

첫째, 자신의 아이디어가 자신의 것이 아니라고 생각한다.
그러면 도둑질당했다는 생각도 안 듭니다. 솔직히 하늘 아래 새로운 것은 없습니다. 당신이 냈다는 그 아이디어도 누군가 분명히 했을 것입니다. 누가 먼저 아이디어를 내느냐가 중요한 게 아니라 그것을 누가 실천해서 현실화하느냐가 더 중요한 시대입니다. 그러니까 아이디어를 도용당했다고 애처럼 징징거리지 말고 새로운 아이디어를 막 내세요. 당신이 직장에서 막내라면 아이디어를 '막' 내야 하는 거 아니겠어요?

둘째, 선수를 쳐라.
"이게 제 아이디어입니다. 하지만 과장님이 냈다고 하세요. 저 하나도 서운하지 않아요. 밥이나 사주세요."

이렇게라도 하면 어차피 빼앗길 아이디어에 대한 저작권으로 밥과 술은 얻어먹잖아요.

셋째, 모든 아이디어를 기록으로 남겨라.

뚜렷한 기억보다 희미한 기록이 낫다는 말이 있죠. 아이디어를 메모, 녹음, 메일 등 기록으로 남기세요. 나중에 일이 커져서 잘잘못을 가리게 될 때 기록만큼 좋은 자료가 없습니다.

그리고 가장 좋은 방법은 아이디어 하나에 연연하지 마세요. 당신이 누르면 튀어나오는 아이디어 자판기라면 상사가 도용을 하든 말든 뭔 문제겠어요. 이미 회사에서는 당신이 아니라고 해도 당신 아이디어인 줄 다 아는데. 그리고 훌륭한 최고 경영자는 말 안 해도 누구 아이디어인지 다 안답니다. 당신 회사 사장님은 그걸 모르나요? 그런 회사는 미래가 없으니까 당장 때려치우세요. 좋은 리더는 말 안 해도 아랫사람의 노력을 잘 기억하고 있습니다.

여가생활을 배려해주지 않는 회사, 어떻게 해야 할까요?

Q

>>> 당신이 만약 남자라면, 그리고 결혼을 한 사람이라면 이렇게 묻고 싶습니다.

"당신의 아내가 다른 남자와의 취미생활을 배려해 주지 않는다고 고민을 한다면 어떻게 하실래요?"

패주고 싶죠? 제 맘이 그래요. 당신을 패주고 싶어요. 회사와 여가생활에는 교집합이 없습니다. 회사가 당신의 여가생활을 배려해 주지 않는 것은 당연한 것입니다. 여가(餘暇)란, 말 그대로 'Free time'입니다. 회사에서 어떻게 남는 시간을 배려해 주겠습니까? 여가는 자신의 직장생활을 뺀 나머지 시간으로 즐기는 것입니다.

물론 이런 설명을 들으면 화가 나실 분도 있을 겁니다. 여가생활을 통해 스트레스도 해소하고 휴식도 즐기고 재충전을 해야 직장생활에 더욱 충실할 것 아니냐고.

　맞는 말입니다만 직장에서 여가생활을 보장하는 것은 그야말로 오너의 마인드에 따른 보너스라고 생각해야 합니다. 물론 제가 아는 신발회사 안토니는 직원들을 위해 말과 요트를 사서 승마와 수상스키도 즐기게 하고 직원들과 해외여행도 다닌다고 합니다. 그리고 포스코도 발견을 뜻하는 유레카와 포스코를 합친 '포레카'라는 직장 내 창조적 놀이 교육 공간을 만들었다고 합니다. 여러분도 잘 아는 구글은 20%의 시간을 업무가 아닌 다른 데 사용하도록 합니다.

　여기서 잠깐, 저도 솔직히 구글이라는 회사의 방침이 궁금했어요. 어떻게 20%의 시간을 딴 일에 사용하도록 할 수 있을까? 그러고도 회사가 돌아갈까? 그렇다면 정말 좋은 회사고 우리나라 사장들도 구글을 좀 본받아야 하지 않을까? 이런 생각을 하던 차에 마침 구글에서 일하는 직원과 만날 기회가 있었습니다. 미국서 아주 친하게 지낸 집 딸과 결혼한 남자인데 친척처럼 가깝게 지내고 있습니다. 아, 부산국제영화제를 이끌어온 김동호 명예 집행위원장의 아들입니다.

"구글 좋아?"

"그럼요. 너무 좋아요."

　옆에 있던 그의 아내가 거들더군요.

"매일 퇴근하면 자기 회사 좋다고 노래를 부르더라고요."

　내가 물어봤죠.

"구글이 20%의 시간을 개인적으로 활용하도록 한다는데 사실이야? 그럼 그 시간에는 자기 맘대로 놀아도 돼?"

그런데 그의 대답은 저의 예상과 달랐습니다.

"아뇨. 자기 맘대로 놀게 하는 회사가 어디 있겠어요. 뭐를 해도 좋지만 하나의 조건이 있죠. 회사와 관련이 있어야 한다는 점. 예를 들어 저는 생일을 음력으로 지내는데 구글 캘린더에는 음력 기능이 없더라고요. 그래서 제가 그걸 한번 개발해 보겠다고 했죠. 그래서 저는 20%의 시간을 음력 캘린더 개발에 투자하고 있어요."

앞으로 구글 캘린더에 음력 기능이 추가된다면 제가 만난 이 친구의 작품이라는 걸 알아주셨으면 합니다. 이처럼 최고의 직장이라는 구글도 여가가 따로 있는 것은 아닙니다. 오히려 여가라고 알고 있던 20%의 시간은 회사를 위한 일에 써야 하는 것이었죠. 그런데 직접적인 업무와 관련 없다고 느껴진 20%의 시간에 개발한 연구들이 오늘날의 구글을 있게 했다고 해도 과언이 아닙니다. 지메일(Gmail)도 원래는 한 직원의 여가에 의해 만들어진 작품이라고 하더군요.

이제 깨달으셨나요? 직장에서 여가를 배려하지 않는다고 투정부리지 말고 일이나 하세요. 직장에서 여가를 찾다가 인생이 여가로 가득 차게 될 테니까.

퇴근 시간이 지나도 일하는 상사,
기다려야 할까요?

Q

>>> 이런 고민을 하는 분들이 아직도 회사에 있나요? 그렇다면 우리나라 회사는 아직도 깜깜한 동굴 속이군요. 제가 당신께 이런 질문을 해보죠.

"식사 시간에 상사가 수저를 안 들면 어떻게 해야 하죠? 먼저 먹어야 하나요? 상사가 수저를 들 때까지 기다려야 할까요?"

이제 답이 뭔지 아시겠죠? 그래도 모르겠다고요? 그럼 친절하게 설명해 드리죠.

식사 시간은 식사를 하라는 시간입니다. 그러니까 당연히 식사하는 것이 맞죠. 그러나 밥상머리 교육을 제대로 배운 사람이라면 윗사람이 수저를 들기 전까지는 절대 수저를 먼저 들면 안 됩니다. 그러니까 기다려야 한다는 말입니다.

그러면 퇴근 시간에 상사가 퇴근을 안 하면 기다려라, 그 뜻이냐고요? 그렇죠. 하지만 무작정 기다리란 말이 아닙니다. 식탁에서 수저를 안 드는 건 솔직히 윗사람의 잘못입니다. 아이들이 배고파서 밥을 쳐다보고 있을 때 자애로운 아버지라면 "어서 먹자!" 하면서 수저를 들어야 합니다. 설사 자신은 배가 안 고프더라도 아이들을 사랑하는 마음이 가득 찬 아버지라면 수저를 들어 동치미 국물이라도 한입 마시

고는 "오늘은 속이 좀 안 좋구나. 어서들 먹어"라고 하는 것이 배려입니다. 상사가 직원들을 제대로 사랑한다면 "오늘은 내가 할 일이 좀 남아서 늦을 거 같아. 먼저들 퇴근하라고" 이렇게 말해주는 것이 정상입니다. 그러나 이런 인자함을 모든 상사에게 기대할 수는 없는 일. 말없이 자기 일만 하는 상사를 모시고 있다면 어떻게 해야 할까요? 밥상을 떠올려 보세요. 화목한 가정이라면 자녀들이 먼저 아버지에게 이런 말 정도는 할 수 있잖아요.

"아버지, 빨리 드세요. 김치찌개가 맛있게 끓고 있어요."

상사가 퇴근을 안 하고 있다면 당신도 안 하는 것이 원칙입니다. '내 할 일 했으니 내가 퇴근하든 말든 무슨 상관이야. 퇴근 시간은 퇴근하라고 주어진 시간이다'라며 당당하게 퇴근하는 신참 직원의 모습이 좋아 보이던가요? '식사 시간에 내가 밥을 먹겠다는데 아빠 엄마가 뭔 상관이야' 하면서 숟가락 드는 동생이 예뻐 보이지는 않죠? 그러니까 기다릴 때는 기다리세요. 그러나 무한정 기다리라는 것이 아니라 센스 있는 말로 상사의 마음을 움직여 보세요.

"부장님, 남은 일 있으세요? 제가 도와드릴까요?"

그러면 "어이쿠, 시간이 이렇게 됐나? 퇴근들 하지"라는 말이 나오지 않을까요?

'칼'퇴근 좋아하다가 단칼에 잘리는 수가 있습니다. 너무 고리타분한 생각이라고요? 아무리 세상이 바뀌어도 직장 상사는 안 바뀐다는 걸 명심하세요.

술자리를 자주 가져야 직장생활이 편해질까요?

 >>> 저는 연극영화과를 나왔습니다. 다른 과에 비해 술자리가 많으면 많았지 적지는 않았어요. 그리고 방송작가 생활을 하다 보니 녹화 후에 술자리가 항상 이어졌습니다. 이렇게 술자리를 자주 가졌다고 친구들과의 관계가, 직장에서의 관계가 좋아졌냐고요? 꼭 그런 것 같지는 않아요. 지금까지도 친한 친구와 동료는 술자리보다는 여행, 취미생활 같은 긴 대화의 자리에서 만들어진 것 같습니다.

술자리는 그야말로 양념 같은 시간? 그런데 우리 사회는 양념이 너무 과하죠. 만약 음식에 양념을 과하게 넣으면 그 음식 맛이 어떻게 되겠습니까? 음식은 고유의 맛을 잃어버리는 거죠. 과도한 술자리는 오히려 탈이 나는 경우가 많습니다. 왜 그런지 한번 정리해 드리죠.

술자리에서 오가는 대화는 대부분 술을 마시면서 하는 대화기 때문에 정리도 안 되고 절제도 안 됩니다. 그래서 실수를 하는 경우가 많죠. 그리고 술자리의 특성상 남의 뒷담화를 하는 경우가 많습니다. 그런데 그 뒷담화의 대상자가 또 다른 술자리에서 당신의 말을 듣게 된다면 그야말로 치명타를 입게 됩니다.

또한 술자리에서는 보통 과음을 하는 경우가 많습니다. 당연히 건강도 잃고 돈도 잃고 가정의 평화도 잃기 마련입니다. 술에는 장사가 없다는 말처럼, 연이은 술자리는 당신을 병원으로 인도할 테니까 꼭 필요한 술자리가 아니라면 사양하는 것이 옳습니다.

그리고 결정적으로 술자리는 회사생활에 도움이 되지 않습니다. 술로 진급하는 사람은 '술상무'밖에 없습니다. 술을 잘 마신다며 술에 절어 사는 선배들은 좋아할지 모르지만, 당신을 판단하는 사람은 그런 선배들이 아니라 더 윗사람들입니다. 단지 주변 사람들과 편해지려고 술자리를 계속한다면, 당신의 회사생활은 점점 당신의 간처럼 썩어가는 것입니다.

술자리에서 술 잘 마신다고 편해지는 직장은 룸살롱밖에 없습니다. 당신이 룸살롱 마담이나 5번 아가씨가 아니라면 술로 회사생활 편하게 할 생각은 처음부터 접으세요. 가급적 술은 자기 주량의 절반만 마시세요. 그래야 상사 앞에서 실수하지 않는 법입니다.

실제로 있었던 일을 하나 소개하죠. ○양은 학벌도 좋고 능력도 좋고 미모도 좋아서 모든 사람이 좋아할 만한데 직장을 자주 옮겨 다녔습니다. 처음 취직을 해서 환영식을 해도 절대 술을 입에 대지 않았다고 합니다. 한 1년쯤 다니다가 회식 자리에 가서 만취가 돼버렸는데,

부장의 머리끄덩이를 잡아당기며 쌍욕을 했다고 합니다. 그 뒤로 출근을 안 했고요. 알고 보니 그녀는 술버릇 때문에 이 회사 저 회사 옮겨 다닌 것이라고 합니다. 이게 남의 일만은 아닙니다. 술로 인한 실수는 절대 지워지지 않습니다. 당신 머릿속에서는 빨리 지워지지만 동료와 상사의 머릿속에는 오래 남는 법입니다.

참, 한 가지 저의 비밀을 알려 드릴까요? 저는 많은 술자리를 했지만 제가 술을 못 마신다는 사실은 바로 옆 사람만 알고 있었어요. 저는 술 잘하는 사람 옆에 앉아서 잔 바꿔치기 기술을 사용하며 술 취한 척 연기를 했죠. 술자리에서 더 신나게, 더 재밌게 놀아주는 거죠.

술 못 마신다고 사회생활 못 하는 것 아닙니다. 술, 담배는 안 하는 것이 오히려 좋습니다.

직장 내 성희롱, 어떻게 대처해야 할까요?

Q

>>> 신고하세요. 못 하겠다고요? 그래서 상대방이 당신을 골라 성희롱을 한 겁니다. 성폭행이 아니길 다행으로 아세요. 신고를 못 할 걸 알면 그럴 수도 있으니 더욱 조심하세요. 남자들이 (이런 말 했다가 남자들에게 왕따당하는 것 아닌지 몰라…) 여자에게 관심을 보이는 목적은 딱 하나뿐입니다.

'먹고 싶다.'

"어머, 무슨 말씀을 그렇게 하세요? 그럼 진짜로 사랑해서 결혼을 하려고 관심을 보이는 것은 뭔가요?"라고 묻고 싶으신가요? 그건 이렇습니다.

'결혼해서 먹고 싶다.'

남자가 여자에게 관심을 갖는 건 '섹스' 그 자체이고 여자들이 남자에게 관심을 갖는 것은 '종족보존' 때문입니다. 물론 현대는 그게 좀 바뀌어서 '명품 백'을 얻으려는 여자도 있지만.

직장 내 성희롱은 두 부류입니다. 'ㅈ'으로 하는 것과 'ㅎ'으로 하는 것. 손으로 엉덩이를 툭 치지만 그건 손이 아니라 ㅈ인 거죠. 그래서 느낌이 ㅈ 같은 겁니다. 그리고 'ㅎ'으로 하는 언어적 성희롱도 역겹기는 마찬가지입니다. 어떤 면에서는 이런 성희롱이 더 찝찝하죠. 남자들은 절대 성희롱이라고 생각하지 않습니다.

"진심이야…. 나의 진심을 왜 몰라줘."

"그냥 농담이었어. 농담 가지고 왜 그래, 미스 김."

"그냥 격려 차원에서 툭 하고 허리를 쳤을 뿐이야."

그러나 직장 내 성희롱은 내가 어떻게 느꼈느냐가 중요한 잣대입니다. 예전에 미국의 상업은행 '뱅크 오브 아메리카'에서 한 남자 직원이 생수통을 보며 여성의 몸매에 비유했는데, 그걸 들은 여자 직원이 소송을 걸어서 승소한 사건이 있었습니다.

그러니까 이 책을 읽는 남자 직원들은 명심하세요. ㅈ 같은 수작이나 ㅈ 같은 말은 직장 밖에서 하시든지 아니면 영원히 조심하세요. 여자 직원들은 남자 직원들에게 만만히 보이지 마시고, 또 그런 일이 있다면 그 자리에서 주의를 주거나 주의가 안 먹히면 곧바로 신고하세요. 그냥 쓴웃음으로 얼버무리면 남자들은 좋아서 그런 줄 알거든요. 단호하게 표현하세요.

"야, 이 ㅈ 같은 ㅅㄲ야. 내가 가만 있으니까 가마니로 보이냐? 어디서 ㅈ만 한 게 ㅈ 같은 짓이야? 너 콩밥 한번 먹어 볼래? 통장에 3천만 원 있어?"

요즘은 여자들이 남자 직원에게 성희롱을 하는 경우도 있다고 합니다. 그럴 때 남자 직원들은… 즐기세요.

뒷담화, 같이하는 게 좋을까요?
모른 척하는 게 좋을까요?

Q

>>> "회사생활의 활력은 뒷담화다"라고 말하는 직원들도 있더군요. 맞습니다. 저도 예전에 대우전자를 다닐 때 (케이블 사업부의 편성PD로 일한 적이 있습니다) 뒷담화하는 재미가 쏠쏠하다는 걸 배웠으니까요. 특히 자판기 앞과 담배를 피우는 곳에서 자리에 없는 사람들을 씹기 시작합니다. 커피와 담배는 뒷담화를 부르는 무슨 마력이 있나 봐요. 처음부터 나쁜 소리를 하는 건 아닙니다. 첨에는 좋은 얘기인 듯 시작을 하죠.

"김 과장님 양복 봤어? 멋있더라."

"맞아. 명품 같던데…."

"월급쟁이가 입고 다니기엔 너무 고급스러운 거 아니야?"

"월급 말고 딴 데서 돈이 생기나 보지…."

이런 말이 돌다가 김 과장이 공금에 손을 댄다는 말이 나올 수도 있습니다. 물론 뒷담화의 대부분은 사실이 아닙니다. 100% 사실이 아니라는 건 아니죠. 사실일 수도 있지만, 대부분은 부풀려져 진실과는 거리가 멀다는 얘기입니다. 만약 진실이라 하더라도 그런 얘기를 해봤자 도움이 될 게 없습니다. 옆에서 듣고만 있어도 공범으로 몰릴 수도 있거든요. 그래서 피하는 게 상책입니다.

　　만약에 누군가 씹는 이야기를 시작한다면 이렇게 말하면서 자리를 피하세요.

　　"아이고, 시간이 이렇게 됐네. 나 먼저 가볼게."

　　"깜빡했네. 나 거래처에 갈 시간이거든."

　　그럴 경우 그 자리에서 사라지는 당신을 씹으면 어떻게 하냐고? 그게 걱정이라고?

　　걱정할 필요 없습니다. 누가 당신 이야기를 하는 게 그렇게 두렵다면 이미 당신은 지고 있는 것입니다. 이미 당신은 씹힐 짓을 했다는 것입니다. 당신이 떳떳하다면 뭐가 문제죠? 씹힐 짓을 한 적이 없다면 뒷담화하는 무리들과 섞이지 않아도 당신은 욕먹을 일이 없습니다.

　　그러나 현실에서는 내가 아무리 잘해도 내 욕을 하는 사람이 꼭 있죠. 뒷담화 좋아하는 사람들은 그게 취미인 걸 어쩌겠습니까. 나는 아무 잘못 없는데 누가 나를 뒤에서 씹고 있다면 어떻게 할까요? 대놓고 "당신이 내 욕을 한다며!"라고 해봤자 오리발을 내밀 게 뻔합니다. 그렇다고 그냥 놔두자니 내 속만 시커멓게 타들어 가고. 이럴 때를 위해 선조들이 만들어 놓은 좋은 말이 있습니다.

"누가 내 욕을 하면 귀가 가렵다."

왜 이런 말이 생겼을까요? 한동안 씻지 않거나 귀 청소를 하지 않으면 귀가 가려운 법입니다. 그러니까 욕먹는 사람은 자신의 귀가 더럽다는 뜻일까요? 그게 아닙니다.

"어이쿠, 누가 내 욕을 하나? 귀가 가렵네…"라고 혼잣말을 하면서 주변을 훑어보는 겁니다. 누군가 당신 욕을 한다면 그 사람이 들으라고 하는 소리죠.

당신 뒷담화를 하는 사람에게는 이렇게 확실히 말하세요.

"누가 내 뒷담화를 하나 봐. 누군지 알게 되면 나한테 꼭 얘기해줘. 넌 내가 믿을 수 있는 유일한 사람이잖아."

이런 말을 할 때는 꼭 미소를 지으면서 해야 합니다. 빙그레~

매사에 뺀질거리는 후배, 어떻게 해야 할까요?

Q

>>> 놀랍게도 이런 뺀질이들이 직장 내 다수 분포한다는 보고가 있습니다. 아마도 그 뺀질이 후배에게는 믿는 구석이 있을 겁니다. 일단 잘 관찰해 보세요. 다음 사항에 해당되는 구석이 있는지.

사장 자식이다. 고위층 낙하산이다. 집에 돈이 많다. 여기서 잘려도 갈 곳이 많다. 지난주에 로또에 당첨됐다.

이상의 조건에 해당되지 않는다면 모태 뺀질이가 맞습니다. 이런 녀석들은 고쳐지지가 않아요. 그냥 잘라버리는 게 회사를 위해서도 좋은 일이지만 당신에게 그 권한이 없다는 게 문제죠. 어쩔 수 없이 팀을 원만하게 이끌어 가야 한다면 뺀질이를 변화시키는 게 좋습니다. 그러나 기본적으로 이건 알고 계세요. 사람은 본질적으로 변하지 않는다는 것을. 그래도 약간은 움직일 수 있으니까 노력을 해보자고요.

뺀질이들의 특징은 자신들이 편하게 지내는 방법을 누구보다 잘 알고 있습니다. 그러니까 팀원끼리 잘 지내는 것이 회사생활 편히 하는 것이란 사실을 깨닫기만 한다면 의외로 문제가 간단히 해결될 수 있습니다.

뺀질이의 특성을 더 자세히 알아보죠. 가장 유명한 뺀질이는 개미와 베짱이에 나오는 베짱이죠. 남들 일할 때 놉니다. 그러나 놀고 있다고 생각 안 하죠. 일하는 사람들을 위해 옆에서 열심히 바이올린을 연주하며 일할 분위기를 만들어줬다고 생각합니다. 일터에서도 뺀질이들은 직접적인 일은 안 하면서 맞장구치거나 분위기만 잡고, 차 떼고 포 떼고 하면서 훈수를 잘 둡니다. 언뜻 보면 그들이 더 일을 열심히 하는 것처럼 보이죠. 누가 뭐라고 하면 굉장히 싫어합니다. 남의 생각보다 내 생각이 더 중요하기 때문에. 그래서 지적을 하면 고개를 빳빳이 들고 배짱을 부리는 겁니다. 이름도 베짱이잖아요. 개 같은 성질에, 놀기 좋아하고, 절대로 자기주장을 굽히지 않는 뺀질이들.

그러나 이런 단점을 한번 뒤집어 보세요. 개 같은 성질은 개성이 강한 것이고, 놀기 좋아하는 건 업무를 재미있어만 하면 열심히 할 거란 얘기고, 절대로 자기주장을 굽히지 않는 건 그만큼 의지가 강하다고 생각하는 겁니다. 그러니까 선배들의 틀 안에 뺀질이를 가두려 하지 말고 그만의 틀을 인정하고 자유롭게 일하도록 만들어줘야 합니다.

"일을 효과적이고 능률적으로 처리할 방법은 뭐가 있을까?"

"자네가 이번 프로젝트를 이끌어 간다면 무슨 일을 어떻게 시작했으면 좋겠나?"

"자네가 볼 때 우리 팀의 문제는 뭐라고 생각하나?"

이렇게 뺀질이에게 의견을 물어본다면 윗사람이 생각하지 못한 신선한 아이디어가 나올 것이고, 자신이 말한 내용이기 때문에 뺀질이도 열심히 주도적으로 일을 추진할 것입니다.

사장 자식도, 낙하산도, 로또에 당첨된 것도 아닌데 뺀질거린다면 무슨 속사정이 있을 것입니다. 그 이야기에 먼저 귀를 기울이세요. 자격 미달 자를 회사에서 뽑지는 않았을 테니까요. 좋은 후배는 좋은 선배 밑에서 나오기 마련입니다. 의외로 뺀질이들 중에 뛰어난 인재가 숨어 있는 법입니다.

자기감정을 너무 직설적으로 드러내는 동료 때문에 불편합니다

Q

 >>> 말로 해서 안 들으면 때리세요. 때려서 생기는 민형사상의 책임은 본인이 지시고요. 그게 싫다면 다른 방법을 추천해 드리죠. 다음 문장을 세 번, 소리 내서 크게 읽으세요.

"사람은 각자 다르게 이 땅에 태어났다."

다르게 태어났다는 사실을 이해하고 받아들여야 문제 해결의 길이 보입니다. 당신이 볼 때 그 동료는 직설적이고 자주 화를 내는 것으로 보이겠지만, 그 사람 눈에 당신은 자기감정을 숨기는 솔직하지 않은 좀생이로 보일 수도 있습니다. 자신의 눈으로 상대를 판단하기 때문에 나는 항상 옳고 상대방은 항상 그르다는 생각을 떨쳐버릴 수가 없는 것입니다.

물론 개중에는 배움이 깊고 심성이 착해서 상대방을 이해하려고 노력하는 사람들도 있습니다. 이 책을 읽는 당신도 그중에 한 명일 것입니다. 그런데 진짜 문제는 문제 많은 상대방들이 이 책을 안 읽는다는 데 있죠. 그래서 한 자라도 더 배운 당신이 상대방을 이해하고 변화시키려고 노력해야 한다는 것입니다. 물론 완벽하게 변화는 안 되더라도 약간만이라도, 아주 약간만 바꾸어도 사는 게 편해지거든요.

세상의 모든 사람들은 둘로 나뉩니다. 화를 내는 사람과 화를 참는 사람.

누가 좋을까요? 물론 화를 참는 사람이 주변에서는 좋은 소리를 듣지만 결과적으로는 화를 내는 사람이 유리합니다. 화를 참으면 병이 되고 화를 내면 해소가 되거든요. 그러니까 지금 당신 팀 중에 가장 건강하게 직장생활 편히 하는 사람은 화를 내는 그 동료입니다. 다른 사람들은 전부 건강도 나빠지고 일하기도 싫어지는 처참한 상황에 빠져 다 같이 집단 우울증에 시달리는 겁니다.

해결 방법은 뭘까요? 화 잘 내는 그 동료에게 화를 참으라고 할까요? 입도 뻥긋하지 마세요. 화 잘 내는 사람들은 절대 남의 말을 안 들어요. 아마 화를 참으라고 하면 더더욱 화를 낼 걸요.

"내가 언제 화를 냈다고 그래!"

그러니까 이제는 그 동료를 제외한, 당신을 포함한 팀원 전체가 화를 내는 겁니다. 화내는 건 나쁜 거라고 배웠죠? 아뇨. 화내는 건 오히려 정신 건강에 좋은 일이에요. 스트레스 해소에 좋고, 상대방에게 내 의사를 직접 전달해서 좋고, 주변 사람들에게 나의 존재를 인식시켜서 좋고, 강력한 자기주장이 되니까 정말 좋은 거죠. 화 참다가 화병 걸리지 말고 이제는 화를 냅시다. 그러나 화를 내더라도 문명인처럼 내자고요. 웃으면서 화내는 방법을 제가 가르쳐 드릴게요.

일단 살짝 비켜나야 합니다. 제3자의 시선으로 이 상황을 바라보면 화가 덜 납니다. 그리고 여유도 생기죠. 여유가 있으면 반짝이는 아이디어도 생깁니다.

예를 들어 볼까요? 유명 체인 레스토랑에서 식사를 하고 있는데 '털'이 나왔어요. 머리카락이 아니라 분명 누가 봐도 겨털이거나 거시기 털인 겁니다. 화가 났죠. 그런데 살짝 옆에서 바라보니까 정말 웃기더라고요. 그래서 일단 진정을 하고 웨이터를 불러서 말했죠.

"이 털의 정체를 주방에서 연구한 다음에 결과를 알려주세요. 암컷인지 수컷인지?"

그날 저는 음식값을 내지 않고 그 식당을 나왔습니다. 이제부터 그 동료에게 웃으면서 화를 내세요.

"너 꼭 새 닮았다. 앵그리 버드. 화가 난다 화가~~!! 나는 앵무새거든. 니가 화를 내면 나도 따라 하고 싶어. 화가 난다 화가~~!!"

"야, 너만 화낼 줄 아니? 나도 화낼 줄 알거든! 왜? 당황하셨어요?"

> 회사에 꼭 필요한 존재인지 모르겠습니다.
> 어떻게 알 수 있을까요?
>
> Q

>>> 최대한 길게 휴가를 다녀오세요. 15일 정도. 그래도 회사가 돌아간다면 당신은 회사에서 꼭 필요한 존재는 아닙니다. 만약 휴가를 다녀왔는데 책상이 없다! 그러면 당신은 회사에서 불필요한 존재입니다.

자, 휴가를 다녀오세요. 만약 휴가를 안 주면 어떻게 하냐고요? 당신은 회사에서 꼭 필요한 존재입니다. 열심히 일이나 하세요.

노회한 선배와 영악한 후배 사이에서 숨이 막힙니다

Q

>>> 갑자기 샌드위치가 생각나네요. 위로는 노회한 언니, 아래로는 노련한 신참. 그 사이에 끼어서 샌드위치가 되어버린 느낌이시죠? 참, 저는 참치 샌드위치를 좋아하는데요. 참치엔 DHA가 많아서 머리도 좋아지고 맛도 그만이거든요.

참치 브랜드는 동원과 사조, 그리고 오뚜기가 있는 것으로 아는데 어느 브랜드를 좋아하시나요? 왜 뜬금없는 소릴 하냐고요? 가끔은 중간에 끼어서 답답하고 숨 막힐 때는 그 돌파구를 찾기 위한 여유가 필요하거든요. 오늘 점심은 답답한 사무실이나 좁디좁은 식당을 벗어나서 참치 샌드위치와 커피 한잔을 들고 공원으로 나가세요. 그리고 샌드위치를 바라보며 해결책을 생각해 보기로 해요.

사회성 좋고 일 잘하는 척만 하면서 당신에게 일감을 떠넘기는 고참 언니는 정말 현명하게 직장생활을 잘하고 있는 겁니다. 상사에게 비위를 잘 맞추는 건 직장인이 갖춰야 할 자질이죠. 또한 부하 직원에게 방긋방긋 웃는다는 것은 (물론 썩소겠지만) 부하 직원을 다루는 태도가 몸에 배었다는 증거입니다. 이 정도면 어느 직장, 어느 부서에 발령 받아도 살아남을 수 있는 사람입니다. 그런 고참에게 왜 비난을 하세요? 오히려 좋은 점만 본받도록 해요. 상사에게 비위 맞추는 법, 방긋방긋 웃는 법은 돈을 주고라도 꼭 배워두세요.

그리고 새로 들어온 예쁘고 다정하고 나이 어린 신참. 좋은 장점을 다 갖췄구먼요. 나이도 어린 것이 상냥하고 예쁘기까지…. 사랑받을 조건이 충분합니다. 그러니까 그런 후배와 각을 세운다면 당신만 시기와 질투의 화신으로 낙인찍힐 수 있으니 조심하셔야 합니다.

"그럼 나보고 어쩌라고!!!"

일단 화를 가라앉히고 샌드위치 한 입 베어 무세요. 샌드위치에 해답이 있습니다. 샌드, sand, 모래를 떠올려 보세요. 큰 바위가 부서져 작은 바위가 되고, 큰 돌이 되고, 조약돌이 되고, 다시 부서지고 부서져서 최종적으로 만들어지는 것이 모래입니다. 아무리 바위와 돌 같은 문제라고 해도 세월이 흐르고 흐르면 모래가 되고 언젠가는 사라져버립니다. 꼴 보기 싫은 고참 언니와 동생도 언젠가는 당신 앞에서 사라질 존재들입니다. 나도 마찬가지고요. 그런데 뭐 때문에 아등바등 속을 썩이며 살아야 할까요. 모래가 되면 잊혀질 고민을 오늘 하고 있는 건 아닌지요.

참, 당신이 샌드위치처럼 중간에 낀 존재라서 화가 난다면 이걸 생각해 보세요. 샌드위치에서 가장 중요한 부분은 양쪽의 빵이 아니라 중간에 든 내용물이란 것을. 당신이 회사에서 진짜 필요한 존재라고요. 이제부터 고참에게는 더 비위를 맞춰보세요. 나이 어린 직원에게는 더 다정하게 구세요.

'니들은 빵이고 나는 소중한 내용물이야.'

이처럼 자신의 존재를 소중히 여기는 자존감이 충만할 때 상대방에게 자신 있게 대처할 수 있는 힘이 나오거든요. 자, 샌드위치 다 먹었으면 자신감 100배 충전해서 사무실로 고고씽!

> 저와 거리를 두는 동료들에게
> 제가 더 다가가야 할까요?
>
> Q

>>> 당신이 다가갈수록 상대방이 당신에게서 거리를 둔다면 두 가지를 점검해 보세요. 입 냄새와 방귀. 이게 아니라면 당신의 성격에서 문제를 찾아야 합니다.

방귀는 소리 때문에 알 수 있지만 입 냄새는 본인 스스로 깨닫기가 곤란하죠. 창피한 이야기입니다만 저에게도 이런 문제가 있었어요. 기러기 아빠 생활을 하면서 10년 정도 혼자 생활을 할 때인데 내 입에서 냄새가 난다는 걸 아무도 이야기해 주지 않은 겁니다. 그걸 이야기해 줄 수 있는 사람은 마누라밖에 없거든요. 인터넷에서 자가 진단법을 찾아보니까 손등에 혀로 침을 묻힌 다음에 냄새를 맡아 보라고 하더군요. 그런데 별로 확실하지 않아요. 가장 정확한 방법은 상대방과 이야기를 하고 있을 때 상대방이 권투를 하다가 강펀치를 맞은 것처럼 뒤로 고개가 확 젖혀진다면 100% 입 냄새가 나는 겁니다. 냄새 나는 사람을 사람들은 피하게 되죠. 신체적인 스멜이 아닌데도 부서원들이 다가오지 않는다면 당신에게는 더욱 고약한 스멜이 나는 겁니다. 바로 '벽'이 있는 거죠.

　우리는 '우리'라는 단어를 참 많이 씁니다. 우리나라, 우리 학교, 우리 회사, 우리 팀, 우리 조직. 아직도 우리 마누라란 말을 하는 사람도 있잖아요. 그런데 우리란 단어가 '울타리'란 뜻을 갖고 있다는 거 아세요? 울타리에 들어와야 안심을 하는 사회. 그러니까 네 편 내 편을 가르는 울타리가 확실해야 안심을 하는 겁니다. 당신이 불안한 이유도 다른 조직원과 당신이 서로 다른 울타리에 있다고 믿기 때문이죠. 그 벽을 깨버려야 서로 부담스럽지 않은 겁니다.

　벽을 깨는 방법은? 여리고 성을 무너뜨린 방법에서 힌트를 얻어 봅시다. 여리고 성은 사람들이 그 주위를 7일간 묵묵히 돌기만 했고 마지막 날 크게 외쳤더니 저절로 무너졌습니다. 믿지 않는 사람들에게는 말도 안 되는 뻥이라고 생각되겠지만 이 방법에 지혜가 있습니다. 사람 간의 벽을 깨기 위해서는 묵묵히 행동으로 보여주는 게 좋습니다. 그렇게 하다가 적절한 타이밍에 외치는 게 중요합니다. 외친다는 건 말, 즉 대화를 뜻하죠. 본인 스스로는 '가끔 농담도 하고 회식도 잘 어울리는 편'이라고 생각하지만 평소에 행동은 싸가지 없이 하면서 농담만 던진다면 썩소만 나올 뿐입니다. 이제는 평소에 상대방에게 신뢰를 주고 믿음을 줄 수 있도록 행동해야 합니다. 묵묵히 행동하다가 적절한 순간에 재치 있는 농담을 한다면 한순간에 벽은 허물어집니다.

송혜교를 닮은 예쁜 여자 직원에게 모든 남자 직원들이 '러쉬 & 대쉬'를 했습니다. 그녀의 맘을 얻기 위해 농담을 거는 남자, 선물 공세를 하는 남자, 데이트 신청을 하는 남자가 많이 있었지만 그녀의 맘은 좀처럼 열리지 않았습니다. 그런데 그녀가 맘을 연 상대는 뜻밖의 인물이었습니다. 바로 앞자리에 마주 앉아 있던 바보 같은 남자. 파티션 너머로 눈이 마주칠 때마다 그 남자는 바보처럼 그냥 씩~ 웃어줬다고 합니다. 첨에는 그 웃음이 별로 반갑지 않았는데 매일 마주치는 미소에 조금씩 벽이 허물어지고 그 웃음에 익숙해지더래요. 한번은 과장에게 혼나서 우울해하고 있을 때 씩 웃으며 다가와 한마디 하더랍니다.

"제가 좀 도와드릴까요?"

상대가 내게 필요한 걸 채워주니까 그 사람에게 맘이 열리게 되는 거죠. 이제 당신도 사람들의 벽을 허물기 위해서 진실된 행동을 보일 때입니다. 그리고 상대에게 무엇이 필요한지 지켜보세요. 그 필요한 걸 채워주세요. 그러면 상대방도 당신께 문을 열게 됩니다.

왜 월급은 팍팍 안 오를까요?

Q

   >>> 월급은 당연히 팍팍 오르지 않죠. 오히려 빡빡한 편이죠. 왜 그런지 정말 모르세요? 당신이 사장이 됐다고 생각해 보세요. 월급 팍팍 올려주고 싶을까요? 회사 경영에 가장 많이 들어가는 부분이 바로 인건비입니다. 그래서 월급은 올려주기 힘든 거죠.

그리고 월급을 주는 입장에서는 받아가는 월급의 5배는 벌어주기를 바랍니다. 적어도 3배는 벌어야 제 몫을 한다고 생각합니다. 그러니까 당신 월급이 200만 원이라면 당신을 채용해서 1천만 원은 벌어야 한다고 생각하는 거죠. 당신은 지금 회사에 매월 1천만 원 이상 기여를 한다고 생각하세요?

'그럼요. 나 때문에 회사가 얼마나 돈을 벌고 있는데요.'

그렇다면 당신은 회사에서 착취를 당하는 겁니다. 월급 팍팍 주는 회사를 찾아보세요. 경쟁사를 먼저 체크해 보세요.

만약 '아뇨. 저 때문에 회사가 돈을 더 버는 것 같지는 않아요'라고 생각되신다면 사장님께 감사히 생각하고 그냥 조용히 일하세요.

암울한 소식 하나를 더 전해 드리죠. 월급은 안 오르지만 당신의 용돈은 점점 떨어질 것입니다. 일본의 경우 10년 전에 비해 직장인들의 용돈이 반 이상 줄었다고 합니다. 그래서 도시락을 싸오거나 점심시간이면 런치트럭 앞에 긴 줄이 늘어선다고 합니다. 우리나라도 곧 그렇게 될 겁니다. 이미 그런 분들도 많이 있고요.

월급 팍팍 오르기를 기대하지 말고 당신 실력을 팍팍 올리세요. 그 길이 더 빠릅니다. 이런 소리를 그냥 흘려듣지 마세요. 이미 당신은 어릴 때부터 이런 말을 흘려듣다가 이 모양 이 꼴 됐잖아요.

"공부해라. 공부가 제일 쉽다."

"좋은 대학 못 가면 네 인생 안 풀린다."

"지금 놀 때가 아니다. 첫 직장이 너의 인생을 좌우한다."

"부모가 평생 돌봐주는 거 아니다. 너도 나중에 부모 돼서 후회하지 말거라."

마지막으로 한마디 해주고 싶네요. 귀에 거슬리는 잔소리는 많이 들었을 테니까 따뜻한 위로를 해주고 싶습니다.

"지난 건 지난 거고, 앞으로가 중요하잖아요. 끝까지 이 책을 읽어 보세요. 분명 해결책이 있을 거예요. 책 속에 길이 있다고 하잖아요.^^"

> 매일 점심, 무엇을 먹을지 고민입니다.
>
> Q

>>> 난 당신 미래가 고민이네요. 매일 주는 것만 받아먹다가 스스로 선택을 해야 하니까 고민이시군요. 직장에서도 학교처럼, 군대처럼 알아서 배식을 해주면 좋겠어요? 인생은 선택입니다. 선택의 연속이죠. 그 선택을 잘해야 인생도 잘 풀리는 겁니다.

중국집에 가서 짜장면을 먹을까 짬뽕을 먹을까 고민을 합니다. 주문 시간이 길어지니까 중국집 주방장이 생각해낸 아이디어가 바로 '짬짜면'이죠. 당신이 뭘 먹을까 고민할 때 어떤 사람은 그 고민을 해결해주면서 돈을 법니다. 그런데도 고민만 하실 겁니까? 그러고도 밥이 입에 들어가요? 더 이상 뭘 먹을까 고민하지 말고 진짜 고민을, 진짜 바른 선택을 해보세요.

그래도 뭘 먹을지 해결하는 게 우선이라고요? 그렇다면 간단한 방법이 있어요. 먹을 수 있는 메뉴를 종이에 적어놓고 하나씩 뽑는 겁니다. 스마트폰에서 먹을 걸 골라주는 앱을 깔고 그걸로 결정하세요. 그러나 뽑힌 대로 먹지 못할 걸요. 왜? 최종 결정은 당신이 해야 하는데 당신은 그럴 능력이 없으니까. 그래서 당신 미래가 고민이라고 한 겁니다.

지금 점심을 뭘 먹을지 고민하기보다 나의 의지, 나의 결정력의 문제를 더 고민해 보세요. 점심 한 끼 안 먹는다고 죽지 않아요. 굶으면서 고민해 보세요. 나는 앞으로 어떻게 선택하면서 살 것인가? 선택이 곧 인생이며, 그 선택하는 재미를 알 때 인생의 참맛을 느끼는 것입니다.

'뭐 먹을까?' 소리를 많이 하는 사람보다 '오늘 점심은 뭐 먹자' 소리를 많이 하는 사람이 성공한다고 합니다. 누가 한 소리냐고요? 방금 내가 했잖아요.

상사가 칼퇴를 허락했습니다.
그래도 괜찮은 걸까요?

Q

>>> 첫 번째 데이트를 하면서 시계를 보는 경우는 두 가지입니다. '언제 헤어질까?' 아니면 '언제까지 잡아 둘까?'

회사에서 시계를 보는 경우는 두 가지입니다. '언제 퇴근할까?' 아니면 '언제 퇴근하지?'

어떤 일에 열중할 때는 시계를 보지 않습니다. 영화가 재미있으면 절대 시계를 보지 않습니다. 시계가 자꾸 안구에서 어른거린다면 당신은 일에 열중하지 않는다는 뜻입니다. 만약 모든 열정과 노력을 쏟아부어 6시 전에 일을 끝마친다면 일찍 퇴근해도 당신은 떳떳할 것입니다. 물론 그렇다고 일찍 퇴근하라는 말은 아닙니다. 가급적 6시라는 데드라인(dead line)을 지키는 것이 좋겠죠.

데드라인을 문자 그대로 해석하면, '죽음의 선'입니다. 그런데 데드라인은 죽기 위해 만든 것이 아니라 살기 위해 만든 것입니다. 6시가 넘기 전에 일을 끝마쳐야 살 수 있습니다. 6시를 넘겨 일하는 것이 반복되면 엄청난 피로가 쌓여서 체력에 심각한 문제를 초래할지도 모릅니다. 직장생활은 장기전입니다. 그래서 건강을 관리하는 것도 매우 중요한 일입니다. 6시를 데드라인으로 삼고 거기에 맞춰서 일을 끝낸다면 아주 좋습니다.

그러나 퇴근은 칼처럼 하면서 근무시간을 널널하게 보내는 직원이 문제입니다. 예를 들어 출근하자마자 화장실로 직행하는 사람. 직장에 X싸러 오는 걸로 착각하시는군요. 대장이 예민하다고요? 오랜 세월 출근하자마자 으레 화장실에 가다 보니 회사만 오면 X이 알아서 밀려 오도록 습관이 된 것입니다. 이런 직원은 퇴직금에서 X싼 시간과 휴지 값을 변제하고 지불해야 합니다. 너무 야박하다고요? 옆집 남자가 매일 당신의 집에 와서 아침마다 X을 싸고 간다고 생각해 보세요. 당연한 일이라고 할 수 있을까요?

또한 커피타임도 문제입니다. 우리가 언제부터 커피를 숭늉 마시듯 마셨습니까? 아니다. 요즘은 숭늉을 입에도 안 대지. 어쨌든 시도 때도 없이 마시는 커피 때문에 버려지는 시간도 상당합니다. 점심시간도 정해진 시간만큼만 활용해야 합니다. 점심때 맛집을 찾아다닌다고요? 며칠 굶어 보세요. 모든 식당이 '착한식당'으로 보일 테니까요.

너무 야박하다고요? 일도 쉬엄쉬엄하는 거라고요? 꽉 잡지 않으면 '잡(job)'은 사라집니다. 근무시간을 철저히 지키면서 열심히 일을 했다면 6시 칼퇴근은 당신의 당연한 권리입니다. 그러나 X싸고, 커피 마시고, 수다 떨고, 밥 오래 먹고…. 그렇다면 직장에서도 축구경기처럼 로스타임(loss time)이 적용되어야 합니다.

다시 한 번 강조하지만 '떳떳하게 일한 당신, 떠나라! 6시에!!' 조금 덜 떳떳하다면 6시 넘겨서 일하라. 만약 일도 대충하면서 매일같이 6시에 퇴근한다면 언젠가 영영 회사를 떠나게 될지도 모르는 일입니다. 시계를 자꾸 본다는 것은 이미 시간의 노예란 뜻입니다. 초월하면 시곗바늘로부터 자유로워집니다.

그리고 더 나쁜 것은 근무시간에 널널하게 일했으면서 늦게까지 일하며 오버타임 신청하는 인간들입니다. 자신에게 떳떳하지 못하면 언젠가 후회합니다. 제 말이 거슬리는 분은 영원히 사장 소리 못 들어볼 분이고, 제 말에 고개를 끄덕인다면 당신이 지금은 회사 말단이라도 언젠가는 CEO가 되실 분입니다.

> 가족 행사와 회식이 겹쳤을 때
> 무엇을 선택해야 할까요?
>
> Q

>>> 고민이 많은 사람들의 특징은 선택을 빨리 못 한다는 것이죠. 선택을 빨리하면 그만큼 고민도 빨리 사라집니다. 일반인들은 하루 평균 70가지 문제에 대해 선택을 하고 CEO들은 140가지 문제에 대해 선택을 한다고 합니다. 빨리하니까 가능한 것이죠.

백화점에서 사장들이 양복을 고르는 시간과 일반 직장인이 양복을 고르는 시간을 비교해 보면 확실한 차이를 느낄 수 있습니다. 사장들은 돈이 많으니까 이것저것 맘대로 살 수 있어서 선택이 빠르다고요? 아닙니다. 오히려 사장들은 꼭 필요한 것만 삽니다. 약속도 마찬가지. CEO들은 약속을 신중히 잡고 대신 그 약속을 잘 지킵니다. 일반인들은 약속을 쉽게 하고 쉽게 잊어버립니다.

"우리 언제 밥 한번 먹자."

이렇게 약속한 밥을 다 먹었다면 아마 배 터져 죽었을 겁니다. 드라마 「추적자」에 나오는 재벌 회장 박근형 씨의 대사가 떠오릅니다.

"나는 선택을 빨리하지. 그리고 나의 선택이 정답이 되도록 노력할 뿐이라네."

가족 행사와 회사 회식이 겹쳤을 때 저는 메뉴를 보고 결정합니다. 그러나 여러분은 저처럼 자유로운 영혼과 몸매의 소유자가 아니니까 신중한 선택을 하셔야 합니다.

"짜장 먹을래, 짬뽕 먹을래?"

이런 간단한 질문에도 선택을 못 하고 고민하는 사람들이 많습니다. 왜 둘 다 먹어야 한다는 생각을 못 하는 거죠? 그래서 탄생한 것이 바로 짬짜면입니다. A와 B 중에서 선택을 강요당할 때 고민이 된다면 둘 다 선택하든지 C라는 대안을 찾아보세요.

예전에 방송에서 민주당의 박지원 씨가 이런 질문을 받았습니다.

"이해찬 씨와 김한길 씨 중에서 누가 더 껄끄럽죠?"

그때 박지원 씨의 대답은 "둘 다 껄끄럽습니다"였죠. 사회자도 웃고 나도 웃고, 아마도 방송을 들은 이해찬 씨, 김한길 씨 모두 웃었을 겁니다. 이렇게 열린 사고를 해야 선택의 폭이 넓어집니다.

가족 행사와 회사 회식 중에서 하나를 포기해야 된다는 생각을 버리세요. 가족 모임을 회식과 같은 장소에서 갖는 겁니다. 아니면 가족 행사에 직장 동료들을 초대해 보세요. 도저히 그럴 수 없는 상황이라면 가족과 직장 동료들 중에 누가 더 나를 사랑하는지 생각해 보십시오. 그리고 덜 사랑하는 쪽 모임에 참석하세요. 왜냐고요? 사랑하는 사람은 참석을 못 하더라도 이해하고 용서해 주기 때문입니다. 그래서 가족 행사와 회사 회식이 겹쳤을 때는 당연히 회사 쪽에 참석해야 하는 것입니다.

갑자기 주말에 일하자는 선배,
어쩌면 좋죠?

Q

>>> 우리나라 사람들은 '삼'을 좋아합니다. 아침·점심·저녁, 밥도 세 번 먹고, 잘못한 사람도 세 번 용서해 주고, 무엇인가 시작할 때도 '하나 둘 셋'을 세고 출발합니다. 만세를 부를 때도 삼창을 하죠. 내기를 하더라도 삼세판입니다. 가위바위보도 한 번에 끝내지 않고 꼭 삼판양승으로 합니다. '삼'이 들어가는 속담도 많습니다. '세 살 버릇 여든 간다.' '시집을 가면 귀머거리 삼 년 장님 삼 년 벙어리 삼 년.' '서당 개 삼 년에 풍월을 읊는다.' '노루 친 막대기 삼 년 우린다.' 한 번에 끝을 보는 서양 사람들과 달리 왜 이렇게 삼세번에 목매는 것일까요?

우리가 '삼'을 좋아하는 것은 음양사상에서 비롯되었다는 학설이 지배적입니다. 혼란에서 순수한 양수 일(一)과 순수한 음수 이(二)가 결합하면 삼(三)이 되는데, 이것이 길수(吉數)라는 것입니다. 그러니까 음양의 조화가 최고에 이르는 숫자가 바로 '삼'인 거죠.

선배와의 관계에 있어서도 '삼'을 생각해 보십시오. 오죽하면 선배가 갑작스럽게 일을 하자고 했을까요. 처음에는 잔말 말고 그냥 '예' 하십시오. 한동안 남들이 '아니'라고 할 때 '예'라고 하고 남들이 '예'라고 할 때 '아니'라고 말하라는 광고가 있었지만 그처럼 반대로 말했던 직원, 지금 직장에서 잘렸다는 소문이 있습니다. '예' 해야 할 때 가장 먼저 '예'를 하는 것도 진정한 용기입니다. 아부라고 생각하세요? 아부도 잘하면 예술이 된다는 것 모르셨나요?

만약 선배의 첫 번째 부탁인데 처음부터 구시렁거리거나 개인적인 사정을 들어 거절을 한다면 시쳇말로 찍히게 됩니다. 선배에게 "No" 하고 나서 쉬는 주말은 그야말로 가시방석일 겁니다. 맘 편하게 일하면서 주말을 보낼래요, 불편하게 주말에 쉴래요. 정답은 이미 삼척동자도 알 것입니다.

그런데 선배가 주말에 두 번째로 부탁한다면 잠시 생각해 보십시오. '내가 없으면 우리 회사가 안 돌아가나?' 아니면 '이 선배 상습적으로 나를 골탕 먹이나?' 전자일까요, 후자일까요? 아마도 전자로 생각하는 것이 당신 정신 건강에 도움이 될 것입니다. 그러나 주말에 세 번째로 요청한다면 당신의 대답은 딱 하나입니다.

"죄송합니다, 선배님. 이번 주말에는 중요한 약속이 있어서요."

법원에서 판사가 판결을 마무리할 때, 국회의사당에서 의장이 의결을 선포할 때는 모두 방망이를 세 번 두드립니다. 세 번째는 단호히 자신의 주장을 이야기하세요.

> '짜장면'을 선택한 팀장님.
> 메뉴를 짜장면으로 통일해야 할까요?
>
> Q

>>> 우선 우리나라 맞춤법이 변경된 데 대해서 감사드립니다. 예전에는 짜장면을 짜장면이라 부르지 못하고 '자장면'이라 불러야 했습니다. 그러면 짬뽕도 잠봉이라고 하든지. 어쨌든 짜장면은 짜장면이라고 해야 그 뉘앙스가 전달됩니다.

오늘의 주제 짜장면 메뉴 통일에 대해서 말씀드리죠. 우리의 소원은 통일입니다. 그래서 짜장면으로 통일해야 한다는 주장은 언뜻 그럴 듯해 보입니다. 그러나 남북한의 통일이 우리의 소원이지 메뉴 통일이 우리의 소원은 아닙니다. 이것은 중국집 주방장의 소원이겠죠. 그래서 결론은 팀장님이 짜장면을 선택했다고 팀원들 전체가 짜장면으로 통일할 필요는 없다는 것입니다.

그러나, 팀장님의 선택에 주목할 필요가 있습니다. 팀장님이 왜 짜

장을 선택했을까요? 두 가지 이유를 생각해 볼 수 있습니다. 짜장면을 정말 좋아해서, 또는 짜장면이 가장 싸니까.

그렇다면 나의 선택은 팀장님의 선택에 영향을 받아야 할까요, 받지 않아도 될까요? 내일 당장 사표를 쓸 게 아니라면 팀장님의 선택에 밀접한 영향을 받아야 합니다. 저 같으면 "저도 짜장"을 외칠 것입니다. 예전에 제가 돈가스를 시켰을 때 저를 맘에 들어 하는 여자들은 모두 돈가스를 시켰습니다. 제가 맘에 안 들면 무조건 가장 비싼 걸 시키더군요. 끝까지 먹지도 않으면서. 그러니까 팀장님에게 '난 팀장님 편이에요'라는 사인을 보내고 싶다면 그가 무엇을 먹든지 통일하세요. 만약 '난 당신의 안티예요'라는 사인을 보내고 싶다면 무조건 팀장님보다 비싼 걸로 시키세요.

    그리고 언젠가 당신도 팀장이 되어 보면 압니다. 팀원들에게 사비를 들여 뭘 사줄 때 누가 착한 앤지 나쁜 앤지. 짜장면을 먹든 탕수육을 먹든, 한 끼 식사고 몇 시간 후면 다 소화될 텐데 뭐 그리 대수입니까. 이건 식사의 문제가 아니라 선택의 문제, 팀장님과의 팀워크 문제입니다.

신입사원은 가장 먼저 출근해야 하나요?

Q

>>> 우선 입사를 축하드립니다. 이번 질문에 대한 저의 답은, "네!"입니다. 이렇게 끝맺으려 했으나 아직은 신입사원이 어리바리할 테니까 좀 더 친절하게 답을 해드리죠.

만약 입사하기 전에 면접관이 "가장 먼저 출근하면 합격시켜주겠다. 그렇게 하겠나?"라고 했을 때 당신의 대답은 무엇이었을까요? 당연히 "네"였겠죠. 근데 합격하고 나서 일찍 출근하려니까 슬슬 귀찮아지던 가요? 사실 신입사원은 가장 먼저 출근하려고 해도 잘 안 될 겁니다.

제가 모 전자회사를 다닐 때의 일입니다. 분명 전자회사인데 6개월에 한 번씩 '티코'나 '르망'을 팔아야 하는 이상한 곳이었죠. 하루는 신입사원이 들어와서 회식을 했습니다. 밤 2시를 훨씬 넘겨 비틀거리며 끝난 회식…. 그다음 날 아침에 누가 가장 먼저 출근했을까요? 부장님

1등, 과장님 2등, 당시 대리인 제가 3등, 평사원 4등. 그리고 축하를 받았던 신입사원은 몸살 났다고 12시를 넘겨 출근하더군요. 이처럼 직장이라는 밀림에서는 직급이 군대에서의 계급과 같아서 오래 다니면 다닐수록 출근이 빨라집니다. 만약 신입사원이 가장 먼저 출근한다면 그 사람은 신입이 아닙니다. 맘은 벌써 부장, 아니 사장이 된 거죠.

출근시간 눈치 보지 마세요. 자신과의 약속입니다. 가급적 일찍 출근하면 여유도 생기고 남는 시간에 자신을 위한 투자도 할 수 있죠. 일찍 출근해서 딴짓을 하더라도 그 직원은 능력 있어 보인다고 하더군요. 일찍 일어나는 새가 먼저 벌레를 먹는다는 말도 있잖아요. 만약 자신이 벌레라고 생각되면 늦게 일어나세요. 잡아먹히지 않도록.

개그계의 대선배, 전유성 씨는 자신의 재능을 후배들에게 나눠주기 위해 '코미디시장'이라는 엔터테인먼트 회사를 만들어 신인 개그맨들을 선발, 무료로 가르치고 있습니다. 청도에 짜장면 배달통을 닮은 소극장을 만들어 공연도 계속하고 있습니다. 그런데 신인 개그맨을 어떻게 뽑는지 아세요? 선착순입니다. 개그맨 모집 공고를 보고 가장 먼저 달려온 순서대로 뽑습니다. 제가 물어봤죠. 왜 그렇게 하시냐고. 만약 늦게 온 친구가 더 재능이 있으면 어떻게 할 거냐고. 그랬더니 전유성 씨는 이렇게 대답했습니다.

"재능보다 열정이야. 열정이 있는 놈들은 재능도 만들어내지만 재능만 믿고 까부는 놈들은 있던 열정도 잃어버려."

내일도 간부들이 가장 먼저 출근할 것입니다. 그 간부보다 먼저 출근한다면 당신이 바로 챔피언~

> 술을 잘하지 못하는데,
> 회식은 몇 차까지 가야 할까요?
>
> Q

>>> 저는 술을 한 잔도 마시지 않습니다. 다만 분위기가 좋으면 한두 잔 정도 마시는 편입니다. 그런데 제가 참석하는 술자리는 전부 분위기가 좋더군요. 술은 분위기입니다. 분위기 좋게 마시면 몇 차가 아니라 밤새도록 마셔도 일에 지장이 없는 한 상관없습니다. 그러나 내가 어울릴 수 없는 분위기라면 절대 따라가지 마십시오. 대학교 오티나 엠티도 아니고 선배들이 강요해서 무조건 마시는 술 문화는 이제 사라져야 합니다.

그러니까 술이 약해 그런 자리가 부담스럽다면 방법은 하나, 솔직히 말씀드리고 일찍 자리를 떠야 합니다. 억지로 술 마시다가 간을 버리거나 사고가 나도 선배나 회사는 절대 책임져주지 않습니다. 그러나 회사의 회식이라는 것이 내 맘대로 할 수는 없죠. 못 마셔도 분위기에 따라 마시는 척이라도 해주는 것이 좋습니다. 그래서 말씀드립니다. 술이 약한 후배들이 술자리에서 분위기 살리는 법!

첫째, 주도적으로 마셔라.

주도(酒道)를 지키라는 것이 아니라 술자리를 주도(主導)하라는 뜻입니다. 먼저 나서서 술도 따라주고 안주도 챙겨주고 폭탄주 제조도 하고 재밌는 얘기를 하며 분위기를 살려주면 당신이 술을 마시든 안 마시든 선배들은 상관이 없을 것입니다.

"선배님, 코로나 맥주 좋아하세요? 저는 싫어해요. 이걸 마시면 코로 나오거든요."

"내일 해장국에 들깨는 넣지 마세요. 술이 들 깨니까."

"이 헛개수는 드시면 안 돼요. 헛 게 보여."

문제는 술도 안 마시고 분위기 파악 못 하는 그런 사람들이 문제죠. 저는 술을 거의 안 해도 술자리는 끝까지 지킵니다. 그리고 1차를 팍 쏴버리고 "바빠서 이만~"을 외치며 사라지면 뒤에서 내 욕하는 사람은 없더라고요.

둘째, 노래로 분위기를 띄워라.

노래방에 가면 꼭 책만 뒤적거리는 사람들이 있습니다. 두세 곡 필살기를 준비해서 먼저 분위기를 띄워보세요. 발라드나 가곡을 부르는 바보 같은 짓은 하지 말고 최신 유행곡을 안무와 함께 준비한다면 센스 있는 후배로 두고두고 칭찬받을 것입니다. 크레용팝의 '빠빠빠'를 부르며 5기통 춤을 추는 후배를 누가 싫어하겠어요.

셋째, 재미있는 건배사를 준비하라.

언제까지 '위하여~'를 찾을 겁니까. 다음과 같이 계절별, 상황별 건배사를 미리 준비해서 사용하면 예쁨 받을 수 있을 겁니다.

1. 소녀시대: **소**중한 **여**러분의 **시**간을 위해 잔을 **대**보자
2. 니나노: **니** 한잔 **나** 한잔 마시고 **노**래방으로
3. 무조건: **무**지 힘들어도 **조**금만 참으며 **건**승하자
4. 소나기: **소**통 **나**눔 **기**쁨

술은 잘만 마시면 좋은 것이지만 유세윤처럼 실수를 하면 안 됩니다. 억지로 끌려다니지 말고 즐길 수 있을 때까지만 참석하는 게 올바른 술자리 문화입니다. 그리고 이제 선배들도 후배들을 억지로 끌고 가지 말고 좋아서 따라올 수 있도록 만드세요.

2만 원을 빌려간 동료가 도통 갚을 생각을 하지 않습니다

Q

 >>> 거울을 보세요. 그리고 다음 문장을 큰 소리로 읽어 보세요.

"지난번에 빌린 내 돈 2만 원 내놔!"

준비가 됐으면 그 동료에게 가서 큰 소리로 말하세요. 내 돈 달라는 소리도 못 해서 이걸 고민이라고 말하는 당신… 참 불쌍하네요. 그냥 단도직입적으로 말하는 게 가장 좋아요. 특히 돈 얘기는 돌려 말하지 마세요. 딴 사람의 입을 통해 들어가면 더더욱 안 됩니다. 직접 이야기하세요. 상대가 잊고 있었다면 바로 줄 것이고, 원래 갚을 맘이 없으면 그냥 쿨~ 하게 잊으세요. 그리고 좋은 교육을 받았으니 학원비로 냈다고 치세요. 이제부터는 절대 돈 꾸어주지 마세요. 누가 보증 서 달라고 하면 물구나무를 서세요.

> 친하지 않은 동료의 결혼식, 꼭 가야 할까요?
> 축의금은 얼마가 좋을까요?

>>> 청첩장을 받으면 우리는 두 가지 생각을 합니다. 가야 하나, 말아야 하나. 가야 하는 쪽으로 결정이 난다면 우리는 또 고민을 합니다. 얼마를 넣어야 할까? 이 문제에 대해서 예전에 '애정남'이 딱 정해준 내용이 있기는 있습니다만 제가 다시 정해 드리죠.

누군가 당신에게 청첩장을 보냈다면 일단 가는 쪽으로 생각하세요. 단, 그리 친하지 않은 관계라면 다른 사람 편에 봉투만 전달하면 됩니다. 이때는 형편에 따라 3~5만 원이 적당하죠. 참석할 경우에는 밥값이 있으니까 예식장이냐 호텔이냐에 따라서 5~10만 원이 적당합니다. 금액을 정하는 방법을 헌법으로 정한 것도 아니니까 자신이 각자 알아서 정해야 합니다. 그런데 알아서 하라는 게 더 어렵기는 합니다. 딱 하나의 참고 자료는 그 사람이 나에게 낸 액수를 들여다보는 것이죠.

만약 처음으로 이뤄지는 관계라면 일단 3만 원부터 시작합시다. 내 경조사가 1년 안에 있을 예정이고 그때 올 수 있는 확률이 높으면 2만 원 추가. 업무상 아주 가까운 경우라면 큰맘 먹고 5만 원 추가. 3, 5, 10만 원에서 결정하는 것이 좋습니다. 그 이상은 가족관계이거나 뇌물에 속하는 경우입니다.

내가 청첩장을 돌릴 때도 걱정되는 경우가 있습니다. 어느 선까지 청첩장을 보내야 할까요? 일단 내가 결혼식이나 돌잔치, 회갑, 진갑, 장례식에 갔던 경우는 무조건 보냅니다. 1년 내에 전화를 3차례 이상 했던 사람들에게는 전부 보냅니다. 6개월 내에 카톡이나 문자를 통해 3차례 이상 연락을 주고받은 경우 전부 보냅니다. 단, 게임 초대는 해당되지 않습니다. 3개월 내에 페이스북에서 나의 글에 댓글을 남긴 친구에게 보냅니다. '좋아요'는 아닙니다. 서로 연락이 없었더라도 퇴사한 지 6개월이 안 넘으면 청첩장을 보내고 6개월이 넘었다면 유통기한이 넘은 것으로 간주합니다.

충성했던 상사가 갑자기 퇴사했습니다. 줄을 바꿔 타야 할까요?

>>> 인생에 어려움이 닥칠 때마다 제가 참고로 하는 책이 있습니다. 누구에게도 말하지 않았던 제 비밀 서적인데 드디어 오늘 공개하겠습니다. 바로 '이솝우화'와 '전래동화'입니다. 어릴 때 읽었던 이런 책들을 다시 보면 해답이 보입니다. 하늘에서 내려온 굵은 동아줄을 잡은 오누이는 해님과 달님이 되고 썩은 동아줄을 잡은 호랑이는 똥침을 맞게 되죠. 그러니까 처음부터 줄을 잘 잡아야 합니다. 하지만 내가 충성했던 상사가 퇴사를 할 줄이야 누가 알았겠습니까. 그래서 제가 얻은 결론은 줄서지 말자입니다.

어느 회사나 분명 줄은 있습니다. 줄을 잡는 이유는 내가 편하자는 것이죠. 그러나 어느 줄이 튼튼한 줄이고 어느 줄이 썩은 줄인지 모를 경우에는 함부로 줄서지 않는 것이 정답입니다. 당신이 잘나가는 줄 알고 줄을 잡고 있을 때 다른 사람들은 당신을 곱지 않은 시선으로 바라봤을 것입니다. 줄다리기를 해보면 알겠지만 줄이란 게 잡고 있는 사람들을 한꺼번에 넘어뜨릴 수도 있거든요. 당신이 잡고 있던 줄을 놓고 다른 줄을 잡으려는 순간, 이미 당신은 줄에서 떨어질 수밖에 없는 운명에 처할 것입니다. 물론 원숭이처럼 이 줄 저 줄 잘 잡는 사람들도 있겠지만 그게 쉬운 건 아닙니다. 그러니까 입사부터 당신이 한 줄을 잡고 충성하는 순간 실수를 시작한 것이죠. 이미 당신 주변에는 '거봐라, 쌤통이네'라는 시선이 존재할 것입니다. 그럼 그 실수를 어떻게 만회할 것이냐가 중요하겠죠.

일단, 퇴사한 옛날 상사에게 잘하십시오. 당신이 그 줄의 끄나풀이란 걸 다 알고 있을 텐데 상사가 퇴사했다고 안면을 바꿔버린다면 다른 사람들에게 곱지 않은 시선을 주게 됩니다. 그 끈 떨어진 갓 꼴인 상사도 당신을 괘씸하게 여길 것입니다.

그리고 선택을 해야 합니다. 나도 줄과 함께 장렬히 퇴사할 것인가, 아니면 새로운 줄을 찾지 않고 다시 시작할 것인가. 줄을 잃었다고 또 다른 줄을 찾는다면 정말로 당신은 한심한, 정신줄 놓은 직원으로 보일 것입니다. 이제는 어느 편, 누구의 덕을 보려고 하지 말고 당신만의 힘으로 줄다리기를 시작해야 합니다. 그동안 다른 줄이라고 생각했던 사람들에게 더 잘하십시오. 줄이 없던 다른 직원들과도 친하게 지내야 합니다. 당신에게 주어진 마지막 기회가 될 것입니다.

줄이나 빽이 아닌 진정한 실력으로 회사에서 인정받아야 합니다. 입사 때 했어야 하는 일을 지금 하는 것이지요. 신입사원의 젊은 패기와

도전 정신으로 가장 낮은 자리부터 다시 출발하십시오. 결코 쉬운 일은 아닙니다. 이미 줄에 길들여진 사원에게는 결코 만만한 일이 아닙니다. 그러나 포기하지는 마세요. 퇴사한 상사에게 물어보면 직장 밖의 세상이 얼마나 가혹한지 잘 알려줄 것입니다. 직장이 전쟁터라면 직장 밖은 지옥이란 말이 있잖아요. 그래도 직장에 있다는 사실에 감사하고 새롭게 시작하세요.

상사와 부적절한 관계라고 소문이 났습니다.
억울해 죽겠습니다

Q

>>> '아니 땐 굴뚝에 연기 날까?'라는 속담이 있습니다. 제 경험상 90%는 맞는 말이지만 때지 않아도 연기가 날 때도 있더군요. 멀리서 수증기를 보면 그게 연기처럼 보이거든요. 그런데 돼지 눈에는 돼지만 보인다고 아마도 그런 소문을 낸 직원은 자신의 행실이 바르지 못하기 때문에 그런 소문을 낸 것 같습니다. 지금 무척 화가 나시죠? 일단 심심한 위로를 드립니다.

그러나, 당신에게도 반성할 것은 있습니다. '자두나무 밑에서는 갓을 고쳐 쓰지 말라'는 속담도 있거든요. 그리고 본인이 떳떳하다면 뭐가 문제입니까. 누군가의 말이 거슬린다는 것은 작은 잘못이라도 자신에게 있기 때문입니다. 예를 들어 볼까요? 제가 초등학교 3학년 때 일입니다. 선생님이 사용하시던 컵이 깨졌습니다.

"누가 컵을 깨트렸니?"

선생님의 질문에 모든 학생들이 무덤덤하게 있을 때 가슴이 요동치던 소년이 있었죠. 그게 바로 접니다. 제가 깼거든요. 이처럼 내가 떨리고 두근거리고 걱정이 된다는 것은 나에게 귀책사유가 있기 때문입니다. 그렇다고 질문을 하신 분께서 부적절한 관계라서 걱정되는 것 아니냐고 추궁하는 것은 아닙니다. 소문을 믿어버리는 사람들이 있어서 걱정된다는 뜻이라는 걸 잘 압니다. 그럴 때 이렇게 대처하세요.

일단, 소문은 거시기와 같아서 건드리면 더 커지는 법입니다. 가만 놔두면 자연히 작아집니다. 그냥 무시하는 것이 첫 번째 대처 방법입니다. 당사자를 안다면 일대일로 만나서 직접 이야기를 하세요. 만나서 이야기하기 전에 알아두실 것은 소문을 낸 그 직원은 평소에 님을 좋아하지 않았을 것입니다. 그러니까 그런 소문을 내는 거죠. 만나면 눈을 똑바로 뜨고, 입가엔 미소를 머금고 이렇게 말하세요.

"제가 우리 회사의 누군가와 부적절한 관계라고 하던데, 그 소문을 퍼트린 사람이 당신인가요?"

아니라고 부정하겠죠. 그래도 일단 소문의 진원지에 타격을 줬으니 주변 사람들 중에 반은 당신 말을 믿을 것입니다. 만약 심증은 가지만 확증이 없을 때는 이런 방법을 사용하세요. 회사에서 가장 입이 가벼운 사람을 지목해 조용히 말해주는 겁니다.

"내가 부장님이랑 그렇고 그런 관계라고 소문이 났더라구. 정말 속상해 죽겠어. 기왕이면 멋진 이사님이랑 소문이 나야지 왜 부장님이냐고. 내 타입이 아닌데 말이야…."

회사 왕따가 된 것 같습니다.
어떻게 극복해야 할까요?

Q

>>> '혹시 내가 왕따인가?'라고 생각되는 분들은 '왕따 자가 진단법'을 활용해 보세요. 다음 다섯 가지 질문에 세 가지 이상 '예'라고 답한다면 당신은 왕따 맞습니다.

1. 혼자 밥을 먹는다
2. 혼자 커피를 마신다
3. 혼자 퇴근한다
4. 혼자 창밖을 바라본다
5. "나 왕따야?"라고 물어보면 상대방은 아무 말이 없다

그럼 왕따는 어떻게 극복해야 할까요? 가장 좋은 방법은 받아들이

는 겁니다. 왕따에서 벗어나려는 노력은 스스로를 더욱 왕따의 구렁텅이로 빠트릴 겁니다. 미안한 얘기지만 왕따를 당하는 사람들은 그럴 만한 이유가 있습니다. 저도 잠깐 모 전자회사를 다닐 때 왕따를 당한 적이 있어요. 부장과 일개 대리가 대립각을 세우며 싸우니까 (물론 업무적인 일로 싸운 것이지만 우리나라 회사 분위기는 업무적인 반대를 자신에 대한 반대로 해석하더군요) 모든 직원들이 부장 편에 섰습니다. 그래서 혼자 밥 먹고, 혼자 커피 마시고, 혼자 퇴근하고, 혼자 창밖을 바라보던 일이 많았습니다. 동료들에게 "나 왕따지?"라고 물어보면 아무런 말도 없이 나를 쳐다만 봤고요. 그래서 어떻게 했냐고요? 그때는 30대 초반의 혈기 왕성할 때니까 당당하게 사표 쓰고 나왔습니다. 사표를 낼 때 사장에게 한마디 했죠.

"대우케이블TV가 정말로 잘되려면 부장을 꼭 바꾸세요."

얼마 뒤 부장은 사장의 권유로 사표를 내고 나갔다고 하더군요. 그 당시엔 고소하고 시원하고 통쾌했지만 세월이 흘러 생각해 보니 결코 좋은 방법은 아니더라고요. 왕따를 시키던 부장도, 동료도 모두 사랑으로 감싸 안았어야 했는데….

왕따를 당하는 나의 왕따 후배님들. 그들을 사랑으로 감싸 안으세요. 누구를 미워한다는 것은 그 사람 마음이 미움으로 가득 찼다는 뜻입니다. 불쌍한 상태인 거죠. 내가 먼저 인사하고, 내가 먼저 다가서면서 사랑으로 감싸 안으세요. 사랑으로 감싸 안을 수 없다면 차선책을 쓰세요. 왕따를 좋게 생각하는 겁니다. 신하보단 '왕'이 좋고, 잃는 것보다는 '따'는 것이 좋잖아요. 하하하. 실소가 나오죠? 그렇게 허허 웃어넘기는 게 왕따를 극복하는 첫걸음입니다. 그냥 웃어넘기세요.

  그리고 다음 단계는 자신을 객관화하는 것입니다. 나를 상대방의 시선으로 바라보면 무엇을 고쳐야 할지가 보입니다. 그렇게 해서 조금씩 노력하는 게 왕따에서 벗어나는 유일한 방법입니다. 스스로를 바라볼 힘이 없다면 나를 객관화해서 바라볼 친구 한 명을 먼저 사귀는 것도 좋은 방법입니다. 한 명의 친구만 있어도 스스로 왕따라는 고민에서 탈출할 수 있거든요.

성격이 문제인지 사회성이 부족한 건지 사람들과 어울리기 어렵습니다

Q

>>> "성격도 문제이고 사회성도 부족한 것 같습니다. 그냥 혼자 사세요"라는 조언을 들었을 때 당신의 반응은? 그냥 피식 웃었다면 스스로 문제를 해결할 가능성이 있습니다. 왜냐하면 '웃어넘기는 방법'을 알고 있기 때문입니다. 그런데 만약 화를 내셨다면 문제는 심각합니다. 틈이 없어요. 틈이.

직장에서 잘 어울리는 사람들은 예쁘고 잘생기고 똑똑하고 일 잘하는 사람들이 아닙니다. 주변을 둘러보세요. 인기 좋은 사람들은 왠지 모르게 틈이 있는 사람들입니다. 그 틈이 보여야 상대방이 비집고 들어오는 거죠. 너무 빡빡하고 바늘로 찔러도 피 한 방울 안 나올 것 같으면 누가 친해지려고 하겠습니까.

이제부터 완벽하고 착하고 똑똑하고 스마트해져서 상대방에게 인기를 얻어야 한다는 쓸데없는 생각은 개나 줘버리세요. 이제 틈을 만드는 겁니다. 그걸 다른 말로 하면 '여유'가 되겠죠. '그늘'이 되겠죠. 여유가 있고 그늘이 좀 있어야 사람들은 가까이 오려고 합니다. 그래서 코미디 캐릭터 중에 오래도록 인기를 끄는 것이 바로 '바보'입니다. 인기 있는 바보가 되세요.

바보는 아는 척을 안 합니다. 대화에서 적절히 바보가 되세요.

"그래? 난 완전히 반대로 생각했었네."

"누가 그런 실수를 하냐고? 그런 사람 있어. 바로 나야, 허허허."

바보는 돈 계산에 서툽니다.

"17,500원이 나왔으니까 셋으로 나누면…. 음…. 그냥 5천 원씩 내. 나머진 내가 낼게."

"오늘은 공돈이 좀 생겼거든. 내가 한턱 쏠게."

바보는 잘 들어줍니다.

"그래? 아~ 그렇구나."

"정말? 그다음에 어떻게 됐는데?"

이렇게 가장 낮은 곳으로 내려가세요. 점점 많은 사람들이 물처럼 모여들 것입니다.

시키는 일밖에 하지 않는 부하 직원, 어떻게 할까요?

Q

>>> 직원 중에는 세 부류가 있습니다. 시키지 않아도 하는 직원, 시키는 일만 하는 직원, 시키는 것도 안 하는 직원. 그나마 다행입니다. 님의 부하 직원은 은메달감이거든요.

그래도 금메달을 목에 걸어주고 싶죠? 방법은 두 가지입니다. 채찍과 당근. 많이 들어 보셨죠? 일을 시키는 방법은 예로부터 딱 두 가지밖에 없습니다. 그럼 어떤 경우에 채찍을, 어떤 경우에 당근을 주어야 할까요? 이걸 반대로 하면 낭패를 보거든요.

제 친구 중 한 명이 일본에서 큰 성공을 했습니다. 직원을 250명이나 거느리는 광고회사를 하거든요. 신주쿠에 5층짜리 빌딩이 있고 동경 22군데에 지점을 두고 있습니다. 동경 전단지 시장의 75% 정도를 이 친구가 장악했습니다. 그가 사용한 방법은 '당근'입니다.

전단지라는 게 그래요. 저도 전단지 아르바이트를 해봐서 알지만 끝까지 성실하게 돌리는 법이 없어요. 중간에 뭉텅뭉텅 버리고 싶은 게 솔직한 심정입니다. 어쨌든 제 친구는 일을 끝내고 들어오는 직원들의 어깨를 두드려주면서 "잘했어. 수고했어"라고 칭찬을 해줬다고 합니다. 친구도 안대요. 누가 열심히 했는지, 누가 대충대충 했는지. 그래도 항상 "잘했다"고 칭찬을 했더니 어느 순간 잘하는 사람은 더 잘하고, 못하던 친구들도 잘하게 되더랍니다.

여러분도 생각해 보세요. 밤새도록 열심히 일하고 잠깐 잠이 들어 쉬는 순간에 사장님이 와서 "자네는 내가 눈만 돌리면 이렇게 자빠져 잠만 자나?"라고 말한다면 다시는 열심히 일하고 싶지 않을 것입니다. 대신 빤빤히 놀다가 피곤해서 잠을 자는데 사장이 들어와서 "자네 일을 너무 많이 하는 거 아니야? 쉬엄쉬엄하라고"라고 말한다면 미안해서라도 다음부터 열심히 일을 하겠지요.

그러니까 무조건 칭찬을 해주는 게 효과적이라는 것입니다. 앞으로 시키는 일밖에 하지 않는 직원에게는 일을 끝내고 나면 꼭꼭 과분한 칭찬을 날려 주세요.

"자네는 내가 시키면 시키는 대로 정말 일을 잘한다니까."

"어쩜 이렇게 내 맘에 쏙 들게 일을 했나."

그러나 이런 칭찬이 안 통하는 직원도 많습니다. 잘한다고 억지로 칭찬해 주면 진짜인 줄 알고 고만큼만 하는 친구들. 가장 좋은 방법은 '단칼채찍'을 날리는 거죠. 단칼에 날려버리는 겁니다.

"수고했네. 자네 내일부터 집에서 쉬게."

그러나 나에게 그런 권한이 없는 직장에서는 다른 채찍을 날려 봐요.

"자네는 내가 시키는 일은 잘해. 그러나 그냥 놔두면 아무 일도 안 하더라고. 그래서 앞으로는 시키는 일을 늘리기로 했네. 일을 알아서 할 때까지 그렇게 할 테니까 시키는 건 꼭 끝내놓고 퇴근하도록."

이 정도 채찍에도 꿈쩍 않는 부하 직원이라면 당근과 채찍을 동시에 날려 보세요. 일단 음식이나 술이 앞에 놓이면 사람들은 입이 열립니다. 입이 열리면 마음도 열리니까 회식을 하면서 채찍을 날려 보세요.

"자네 다른 건 다 좋은데, 왜 스스로 일을 찾아서 하지 못할까 원망스럽네. 내가 자네 아버지도 아니고 엄마도 아니고, 언제까지 이래라저래라 챙겨줄 수도 없는 노릇이고…. 그래서 내가 결심을 했네. 하나를 골라보게."

그리고 부하 직원에게 이렇게 말씀하세요.

"너 맞고 할래, 그냥 할래."

때로는 돌려 말하지 말고 돌직구로 바로 말하는 것이 효과적일 수도 있습니다.

> ## 나이 많은 부하 직원, 어떻게 대해야 할까요?
> Q

>>> 네 살 네 먹은 남자아이가 세 살 먹은 여자아이의 입술에 뽀뽀를 했습니다. 그러자 세 살 먹은 여자아이가 깜짝 놀라 뿌리쳤습니다.

"어머!"

그때 네 살 먹은 남자아이의 말.

"왜 이래, 한두 살 먹은 애도 아니면서."

어릴 때 1~2년은 엄청난 차이가 있습니다. 그런데 나이를 먹어 가면서 한두 살 차이는 별 게 아니라는 생각이 듭니다. 그래서 어떤 분들은 아래위 다섯 살 정도는 친구를 먹도록 법을 개정해야 한다는 분도 계십니다. 그러나 학교생활과 군대생활은 일 년, 아니 한 달 차이가 엄청나기 때문에 이런 말까지 있잖아요.

"선배와 하느님은 동기 동창이다."

그런데 따지고 보면 참 불합리합니다. 한 달 차이에게는 선배라고 깍듯이 존댓말을 써야 하지만 열 달이나 어린 동기들과는 반말을 해야 하니까요. 군대는 더합니다. 무조건 먼저 오는 놈이 장땡. 군대는 무조건 짬밥순. 그래서 이런 말까지 있죠.

"꼬우면 일찍 오지 그랬냐."

회사도 예전에는 서열을 중시해서 알게 모르게 신입사원을 뽑을 때 나이를 많이 따졌습니다. 그러나 이제는 그야말로 인재 중심, 실력 중심으로 뽑기 때문에 나이 많은 신입사원이 들어오기도 합니다. 나이는 그야말로 넘버에 불과합니다. 그러나 그 나이 때문에 겪게 되는 스트레스는 선후배 모두에게 공존합니다. 선배 입장에서는 일찍 들어온 것이 잘못은 아닌데도 나이 많은 후배가 어색하기도 하고, 맘 놓고 일을 시킬 수도 없고. 후배 입장에서는 나이 먹은 것도 서러운데 어린 후배 비위도 맞춰야 하고 존댓말도 써야 하고.

가장 좋은 해결 방법은 '낮아지는 것'. 학교나 군대에서 학번 따지고 나이 따지고 선배 대접 받으려던 사람을 떠올려 보세요. 대부분 '진상' 입니다. 당신도 진상되고 싶으세요? 최고의 선배가 되려면 나이 들어 회사에 온 후배를 그보다 더 낮은 자세로 존경해 주세요.

"나이도 더 많으신데 제가 형님이라고 부르는 게 좋겠네요. 앞으로 잘 좀 부탁합니다. 형님~!"

그렇게 낮아졌다가 신입사원이 깔보면 어떻게 하냐고요? 그럴수록 더 낮아지세요. 낮아지면 낮아질수록 강력한 리더십이 생깁니다. 예컨

대 한 반 학생 30명이 소풍을 갔는데 김밥 도시락이 29개만 배달됐을 경우 스스로 낮아지는 겁니다.

"반장인 내가 안 먹을 테니까 너희들이 하나씩 먹어라."

그러면 학생들이 미안해서 도시락을 안 받은 반장의 말을 잘 듣게 됩니다. 그때 이렇게 말하는 거죠.

"그렇게 미안하면 니들이 김밥 하나씩만 줘."

그렇게 하나씩 먹으면 엄청 더 많이 먹을 수 있죠.

나이 많은 후배가 들어왔다고 어색해 하지 말고 먼저 낮아지면 더 좋은 기회가 생깁니다. 낮아지는 게 정답입니다. 그럼 상대는 더 낮아질 것입니다. 만약 그렇지 못한 후배라면, 걱정 마세요. 그렇게 눈치 없는 사람은 직장생활 오래 못 하더라고요.

사내 연애는 숨기는 게 좋을까요?

Q

>>> 제가 아는 어떤 회사는 사내 연애가 엄청 많았습니다. 그러나 다들 숨겼어요. 왜냐하면 유부남, 유부녀 들이니까요. 완전 불륜의 왕국이었죠. 그런 불륜이 아니라면 회사 내의 건전한 교제는 떳떳하게 알리는 것이 좋다고 생각합니다.

그러나, 한 가지 문제가 있습니다. 그 사내 연애가 사내 결혼으로 이어지지 못한다면 한 사람은 직장을 그만둘 각오를 하셔야 한다는 점입니다. 물론 결혼을 해도 한 명에게 퇴사나 전근을 강요하는 전근대적인 직장이 있기는 있지만요.

솔직한 제 조언은 숨기고 연애를 하라는 것입니다. 대학 때 캠퍼스 커플을 떠올려 보세요. 십수 년이 지났는데도 이 남자 저 남자와 사귀었던 그 여학생은 좋지 못한 평가를 받고 있어요. 회사도 마찬가지예

요. 누구랑 사귀었다는 게 '주홍글씨'로 남게 된다니까요. 그리고 숨기고 연애를 하는 게 좋은 이유가 있어요.

첫째, 스릴이 있잖아요.

훔친 사과가 더 맛있듯이 몰래 한 사랑이 더 짜릿한 법입니다. 그리고 당신들이 숨기려고 해도 주변에서 다들 눈치를 챌 것입니다. 재채기랑 사랑은 감출 수가 없거든요. 어차피 알게 될 일인데 나서서 밝힐 필요는 없다는 것입니다.

둘째, 일을 열심히 안 한다는 오해를 받기 때문입니다.

아무래도 연애를 하는 직원들은 일을 소홀히 한다는 편견을 갖고 바라보게 됩니다.

셋째, 관계의 단절을 막을 수 있습니다.

누구랑 누구랑 사귄다고 하면 왠지 주변에서 두 사람과 거리를 두게 됩니다. 직장은 관계와 소통이 중요한데 걸림돌로 작용할 수 있어요.

넷째, 헤어지더라도 주변 사람들을 불편하게 만들지 않습니다.

두 사람도 얼굴에 철판만 잘 깐다면 그냥 회사 일을 계속할 수 있다는 장점이 있고요.

여러모로 사내 연애는 둘만의 비밀로 남겨주는 것이 유리하겠죠? 물론 두 사람 사이도 눈치 못 채고 집적거리는 불편만 감수한다면 말이죠. 그러나 이것도 반대로 생각하면 두 사람 사이에 긴장감을 조성한다는 장점이 되기도 합니다.

참, 동료들에게 너무 배신감 들지 않도록 청첩장 보내기 한 달 전에는 확실히 두 사람의 관계를 공표하는 것이 좋습니다.

회사 사람은 좋은 동료일 뿐
친구가 될 순 없나요?

Q

>>> 당신은 남녀 간에 좋은 친구가 될 수 있다고 보십니까? 저는 아니라고 봅니다. 저의 경험 때문이겠죠. 여러분도 경험에 따라 다른 답이 나오겠죠. 사람들은 겪어봐야 압니다. 이런 질문을 했다는 건 아마도 당신이 과거에 직장 동료에게 배신을 당했던지, 아니면 동료를 친구처럼 대했는데 거리감을 느꼈기 때문일 것입니다. 우선 친구가 뭔지 정의를 내려 볼까요?

친구를 네이놈에 쳐 보니까 '친구 = 가깝게 오래 사귄 사람'이라고 나오네요. 회사에서 만난 사람도 가깝게 오래 사귀면 친구가 될 수 있겠네요. 정리 끝.

질문에 답이 되셨나요? 왠지 좀 찝찝하죠? 당신이 회사 동료에게 느끼는 거리감 때문일 것입니다. 학교 친구는 친구 같은데 직장에서 만난 사람과는 가깝게 오래 사귀어도 뭔지 모르게 느껴지는 거리감. 그 거리감을 해소하셔야 합니다. 그래야 직장 동료와도 흉허물 없는 친구가 되는 것입니다. 그런데 그것이 어려운 이유는 바로 회사 때문입니다. 너~무 자주 붙어 있고, 너~무 속속들이 사정을 알고, 너~무 얽혀 있기 때문이죠. 그래서 친구가 되기에는 어려운 것입니다. 학교 친구는 졸업해도 친구가 될 수 있지만, 직장 동료는 회사를 떠나면 대부분 거기서 끝입니다. 물론 양쪽 다 회사를 떠나는 경우는 예외고요.

제가 솔직한 조언을 하자면… 회사 동료는 직장에 있을 때까지만 친하게 지내십시오. 어떤 이유로든 직장을 떠나면 그곳의 동료들과는 일단 정리를 하세요. 얽혀서 좋을 일이 없습니다. 왜냐하면 이해관계가 얽혀 있기 때문이죠. 새로운 직장으로 옮겼다면 다시 그곳에서 새로운 인간관계를 만드는 게 좋습니다. 그렇다고 현 직장 동료들과 티 나도록 거리를 두고 살라는 것은 아닙니다. 직장이란 곳이 너무나 인간적일 수만은 없고, 이해관계가 이리저리 얽히고, 상하좌우 관계가 복잡한 곳이기 때문에 너무 가깝게도, 너무 멀게도 동료들과 관계를 맺지 말라는 것입니다.

직장 말고 다른 데서 친구를 사귀세요. 학교 친구랑 연락하고, 동네 친구 다시 만나고 그러세요. 왜 하필이면 직장에서 친구를 만들려고 하십니까. 대부분은 이런저런 이유로 안 좋게 끝나는 경우가 많아서 이런 말씀을 드리는 겁니다. 오래 살아 보니까 친구는 역시, 오래된 사람이 좋아요. 초딩, 중딩, 고딩, 적어도 대학 졸업 전에 만난 사람들과 친구 하세요.

그럴 친구가 없다고요? 그러면 더더욱 회사에서는 친구 사귀지 마세요. 왜냐고요? 직장은 친구 사귀는 데가 아니라 전쟁터라고요. 전우가 있지 않냐고요? 직장 동료란 말과 직장 친구란 말 중에 어느 것이 귀에 익숙한가요? 그게 현실입니다.

상사가 노골적으로 관심을 보입니다. 어떻게 해야 할까요?

Q

>>> 저는 당신이 부럽습니다. 상사의 관심을 못 받는 부하직원들이 더 많거든요. 그러나 그 관심이 성적이고 노골적이라는 데 문제가 있겠군요. 만약에 그 상사가 괜찮은 총각이라면 노골(no goal)이 아니라 멋진 골(goal), 다시 말해 득점이 되겠지만 대부분 들이대는 상사들은 나이 많고 배 나오고 머리 벗겨진 유부남일 것입니다. 그래서 더 부담스럽죠? 만약에 그 상사가 원빈이나 현빈처럼 생겼다면 고민 상담을 하지도 않았겠죠.

어쨌든 이런 부담스러운 상사가 음흉한 눈빛으로 바라보고, 복사기 앞에서 은근슬쩍 스킨십을 하기도 하고, 술자리에서 러브샷까지 강요하니까 직장이 아니라 지옥에 가는 심정일 겁니다. 이럴 때 좋은 해결책을 소개해 드립니다.

몇 가지 방법들 중에서 자신에게 맞는 것을 고르세요. 왜냐하면 사람에 따라 성격이 다르기 때문에 남들에게 통하는 방법이 나에게는 역효과를 내기도 하니까요.

1. 소심 형

일단 사표를 쓰세요. 그리고 바로 인사과로 가지 마시고 그 노골적인 상사를 찾아 가세요.

"저는 무척 소심해서 과장님의 그런 행동이 저에게는 엄청 고민이 돼요."

"허, 참…. 뭐 이런 일로 사표를 쓰고 그래, 미스 김."

"이런 일이 저에게는 너무 힘들거든요. 인사과로 가져가야 하나요?"

"미안해. 내가 잘못했어."

2. 할 말은 하는 형

노골적인 관심이나 미미한 성희롱은 그때 바로 지적해 줘야 합니다. 만약 은밀한 신체적 접촉을 한다면 일부러 큰 소리를 내며 말하세요.

"어머!! 과장님 제 엉덩이 치신 거예요? 호호호, 윤창중 사건이랑 똑같은 건가요? 아니면 그냥 실수하신 건가요?"

"어… 그럼. 실수지, 실수."

술자리에서 러브샷을 강요한다면 이렇게 해보는 겁니다.

"과장님, 러브샷이 뭐예요 촌스럽게. 요즘은 허그샷이 유행이에요. 확 껴안고 마셔요. 한 번에 3천만 원."

3. 유머러스 형

가장 좋은 방법은 웃음으로 그 자리를 모면하는 방법입니다. 왜냐하면 상대방도 나쁜 의도가 아닌데 너무 정색을 하면 오히려 어색해질 수 있기 때문이죠. 은근히 손을 잡는다든가 하면, 오버해서 웃어주며 "호호호. 간지러워요, 과장님. 제가 간지럼을 많이 타거든요" 하면서 손을 뺍니다.

회식 자리에서 도가 지나친 성적 조크를 던진다면 이렇게 해보세요.
"도대체 언제 웃으라는 거예요? 쌍팔년 조크를 지금 하시나…."
"수준 떨어져요, 부장님. 그거 우리 조카가 해준 얘기란 말이에요."
러브샷을 강요할 때는 이렇게 할 수 있어요.
"과장님, 이런 순간은 카메라로 남겨야 해요. 잘 찍어서 사모님께 보내드릴게요."

은밀한 신체 접촉이나 노골적인 성적 농담도 바로 지적을 해줘야 합니다. 소심한 반응을 보인다면 묵시적인 동의를 했다거나 상대방도 좋아한다고 남자들은 착각을 하거든요. 꼭 집어 얘기해 주세요. 노(怒)할 때는 노(no) 해야 합니다.

직장생활이 마치 가면을 쓰고 사는 것 같아 괴롭습니다

Q

>>> 맞습니다. 사람들은 모두 가면을 쓰고 사는 거죠. 그런데 그게 나쁜 건가요? 가면을 가장 잘 활용하는 사람들이 배우라고 생각해요. 그분들은 맡은 배역에 따라 맞는 가면을 쓰죠. 그리고 그 배역이 끝나면 다른 가면으로 바꿔 씁니다. 가장 뛰어난 연기자는 자신이 가면을 썼다는 걸 들키지 않는 사람이죠.

우리들도 자신이 맡은 배역에 따라 가면을 써야 합니다. 집에서는 가장이지만 회사에 나가면 말단 사원이 될 수도 있고요. 집에서는 귀염둥이 막내아들이지만 회사에 나가면 부장이 될 수도 있으니까요. 그때그때 사회적 분위기에 맞춰 가면을 쓰는 건데 그게 왜 괴롭고 괴리감을 느낀다는 것인지 이해가 잘 안 됩니다. 그러면 실제 나의 본모습을 그대로 유지하면서 가정이나 직장에서 똑같이 행동해야 한다고 생각하시나요? 에이, 그러다가 놀림당해요.

　님의 질문을 다시 되짚어 봅시다. 직장생활을 하면서 원치 않게 가식적으로 행동하는 것은 무엇인가요? 가식적으로 게으르거나 건방지거나 무식하게 행동하지는 않으시죠? 직장에서 가식적으로 행동하는 대표적인 것 세 가지를 뽑아 봤습니다.

　첫 번째, 열심히 일하는 척 행동한다. 두 번째, 싫은데 좋아하는 척 행동한다. 세 번째, 화가 나는데 아닌 척 행동한다. 이 세 가지를 정말

완벽하게 척척 잘해낸다면 당신은 최고로 사랑받는 직장인이 되는 것입니다. 완벽한 가면을 쓰고 있다고 칭찬받아 마땅합니다.

그런데 이렇게 칭찬받는 행동이 괴로우신가요?

'아… 나는 원래 게으른 놈인데 열심히 일하는 척하고 있어.'

'흑… 김 부장은 내가 자기를 좋아하는 줄 알아. 사실 난 싫어 죽겠는데.'

'악… 정말 화가 난다, 화가. 근데 나보고 성격 좋다고 칭찬을 하네.'

주변을 둘러보세요. 다들 말을 안 해서 그렇지 가면들을 쓰고 있는 거예요. 물론 짜증 나는 가면도 있습니다. 뻔히 근무시간에 주식하는 거 아는데 열심히 일하는 척하는 김 과장, 이 부장이 싫으면서도 좋아하는 척 아부하는 박 과장, 야근시킬 때마다 뒤로는 호박씨를 까면서 부장 앞에서는 알랑방귀를 뀌는 노 과장. 이들은 가면을 완벽하게 쓰지 못했기 때문에 이런 비난을 받는 것입니다. 진짜로 완벽한 연기를 했다면 이런 비난을 안 받겠죠. 앞으로는 가면이라고 생각하지 말고 연기라고 생각해 보세요. 셰익스피어가 이렇게 말했잖아요.

"인생은 연극 무대다."

그러면 인생을 제대로 사는 사람은 무대에서 연기를 제대로 하는 사람 아니겠어요? 그리고 연기를 할 바에는 진짜처럼 관객을 속일 수 있는 명연기를 하세요. 기왕이면 엑스트라보다 주연을. 주연과 엑스트라의 차이점은 알고 계시죠? 주인공은 대사가 많아요. 오늘 한번 이런 대사를 해보는 건 어떠세요.

"김 과장님, 넥타이 정말 멋지세요. 누가 보면 장동건인 줄 알겠어요."

"미스 리, 요즘 헬스클럽 다녀? 볼 때마다 살이 쪽쪽 빠져 있네."

"오늘도 야근이라고요? 어차피 갈 데도 없었는데 오버타임 수당도 벌고…. 감사합니다."

어차피 써야 할 가면이라면 누구에게나 사랑받는 가면으로 고르세요. 스마일 가면을 계속 쓰다 보면 진짜 얼굴도 웃게 되고, 짜증 내는 가면을 쓰다 보면 얼굴이 왕짜증으로 바뀐다고요.

> 워크숍 중 담배 피다가 상사에게
> 딱 걸렸을 때 어떻게 모면해야 할까요?
>
> Q

>>> 요즘은 금연을 강조하는, 아니 강요하는 회사도 많습니다. 물론 개인의 건강을 위해서 그런다지만 흡연은 어디까지나 개인의 취향인데 좀 너무한다는 생각이 들기도 합니다. 본인이 일찍 죽겠다는데 왜 회사가 간섭인지… 그냥 죽게 냅두세요.

사실 저는 개인적으로 담배를 싫어합니다. 이제까지 한 대도 피우지 않았을뿐더러 제 주변에서 담배를 피우면 단호히 말합니다.

"여기는 금연구역인데요."

차창 밖으로 담배를 버리는 운전자가 있다면 경적이나 헤드라이트로 경고를 하고 때로는 신고를 하기도 합니다. 이처럼 담배에 대해 강력히 거부감을 갖는 이유는 제가 피해를 입기 때문이죠. 그래서 저에게만 피해가 없다면 담배를 강제로 못 피게 하는 것은 반대합니다.

당신의 고민으로 돌아가 보죠. 워크숍 중간에 몰래 빠져나와서 담배를 피우고 있는데 상사에게 걸렸다는 거죠? 이때 그 상사도 담배를 피우러 나왔을 확률이 높습니다. 이럴 땐 살며시 웃으면서 "혹시 부장님도 담배가 당기셨어요? 한 대 피우실래요?"라고 해보세요. 그리고 웃으면서 같이 맞담배를 핀다면 부장님과 친해질 수 있는 아주 좋은 기회입니다. 남자들은 나쁜 짓을 같이하면 금방 친해지거든요.

그런데 그 상사가 담배를 피우지 않는 경우라면 이렇게 말해 보세요.
"고등학교 때 걸리고 두 번째네요. 이번에도 정학인가요?"
"담배는 역시 해롭네요. 그렇다고 잘릴 정도로 해롭지는 않겠죠?"
만약 담배를 피던 당신이 여성이라면 대처 방법이 달라집니다. 왜냐하면 아직도 우리 사회에서 여자들이 당당하게 담배를 피운다는 건 여대가 아니고는 어려운 일이거든요. 특히 직장 상사 앞에서.
"윽… 제가 담배 피우는 걸 적들이 모르게 해주세요. 부장님~"
"아이고 부장님한테 따블로 들켰네요. 담배 피는 거랑 땡땡이치는 거랑. 호호호."
만약 당신이 상사인데 부하들의 범죄 현장을 보게 됐다면 이렇게 말씀해 보세요. 그러면 굉장히 존경받는 센스 있는 상사가 될 테니까요.
"미스 김, 여기서 이러시면 안 됩니다~"

지각했을 때 어떤 핑계가 최선일까요?

>>> 이 책을 절대로 당신의 직장 상사가 읽도록 하면 안 됩니다. 이런 질문을 하는 부하 직원을 얼마나 한심하게 보겠습니까? 이런 질문에 답해주는 사람을 얼마나 더 한심하게 보겠습니까? 그런데 그 상사도 한 번쯤은 지각을 해봤을 것입니다. 점점 회사생활에 적응되고 또 나이가 들면서 아침잠이 없어지니까 이제는 지각을 절대 안 하는 것이죠.

우리나라 거의 모든 회사에서 아침마다 벌어지는 풍경은 비슷할 것입니다. 직급이 높을수록 더 일찍 나오고 아랫사람들은 더욱 지각을 많이 하고. 일단 지각을 할 것 같으면 선행 조치를 취해야 합니다. 바로 위 상사에게 전화를 겁니다.

"대리님, 저 미치겠어요. 지금 일어났어요. 빨리 갈 테니까 제발 저 좀 살려주세요."

　문자나 카톡은 금물입니다. 요즘 사표나 해고도 문자로 날린다는 얘기를 들었는데 그건 아니라고 봅니다. 특히 윗사람에게 문자를 보내는 일은 건방져 보일 수 있습니다.

"언제까지 올 수 있어?"

"최대한 빨리 가면 10시에 도착합니다."

　이때도 주의를 할 것이 있습니다. 예상 도착 시간을 당겨서 잡지 마십시오. 방송국에서 작가생활을 할 때 항상 지각을 하던 후배가 있었습니다.

"선배님, 63빌딩이 보여요."

　그러나 30분을 더 기다려야 그 후배는 도착을 하더군요. 하긴 63빌딩은 천호동에서도 보이니까요. 10시에 온다고 하고 10시 10분에 도착하는 것보다는 10시 반에 도착한다고 했는데 10시 20분에 오는 것이 더 빨리 온 느낌이 듭니다. 제 말은 쓸데없이 기다리게 하지 말라는 뜻입니다.

　또한 지각의 이유를 둘러대지 마십시오. 워싱턴이 아버지가 사랑하는 나무를 도끼로 베었을 때 왜 용서를 받았는지 떠올려 보세요. 아들이 도끼를 들고 있었기 때문에? 아닙니다. 정직했기 때문이죠. 귀에 못이 박히게 들은 "Honesty is the best policy"란 말을 잊지 마세요.

　그리고 살짝 기름칠이 필요합니다. 회사 입구에서 파는 비싼 커피를 돌리면서 "죄송합니다. 콩다방에 줄만 길지 않았어도 일찍 올 수 있었는데…"라고 해보세요. 뇌물은 사람들의 입을 막아줍니다. 과음을 한

뒤라면 이렇게 말해보는 건 어떨까요.

"제가 술에 이렇게 약한 줄 몰랐습니다. 앞으론 맥주에 소주를 타는 대신에 물을 탈게요."

그리고 지각해서 죄송하다는 상투적인 말을 하기보다는 살짝 웃음을 깔아 주세요.

"어젯밤 지각하는 꿈을 꿨는데 정말 지각을 했네요. 꿈속에 부장님이 용서를 해 주시던데… 꿈이 이뤄질까요?"

"죄송합니다. 그래도 지각하기 천만다행입니다. 잘못했다간 출근도 못할 뻔했거든요."

"1시간 지각한 만큼 1시간 늦게 퇴근하겠습니다."

"지각을 했다는 게 제 스스로 용서가 안 됩니다. 저 사표 쓰겠습니다. 제발 말려 주세요."

지각도 습관입니다. 일찍 자고 일찍 일어나는 착하고 성실한 회사원이 됩시다.

슬럼프가 왔는지 일하기가 정말 싫습니다

Q

 >>> 이 질문을 보는 순간, 저도 슬럼프가 왔어요. 이 책을 쓰기 싫어졌어요.

- 일주일 후 -

실제로 일주일 만에 컴 앞에 앉았습니다. 원고 마감이 다가오는데 슬럼프라는 단어를 보자마자 나에게 슬럼프가 왔고 일하기가 싫더라고요.

여기서 뭔가 느낌이 오지 않으세요? 누구나 슬럼프는 있고, 누구나 일하기는 정말 싫습니다. 좋아서 일하는 사람, 기뻐서 공부하는 사람은 없어요. 있다면 미친 거죠. 사람들은 스스로에게 최면을 겁니다.

A는 이렇게 주문을 외우죠.

'그래, 난 이 일이 좋아. 재밌어. 적어도 난 이 일을 꼭 해야만 해. 그러니까 좋아하는 걸로 치자고.'

그리고 B는 이렇게 주문을 외웁니다.

'미치겠네. 일하기 정말 싫어. 난 슬럼프에 빠졌나봐. 그냥 확 때려치우고 놀러가고 싶어.'

당신의 보편타당한 논리와 판단으로 두 사람의 미래를 생각해 보세요. A가 B에 비해 훨씬 더 긍정적인 미래를 보장받겠죠?

그렇습니다. 사람의 미래는 그 사람의 생각이 좌우합니다. 바로 앞의 미래도 그 사람의 생각이 좌우합니다. 국도를 따라 차를 타고 갈 때 배가 고픈 사람들은 '손 세차'라고 써진 간판을 '손 짜장'이라고 보고 핸들을 꺾습니다. 반대로 차가 더러워서 세차를 하고 싶을 때는 '주차장'이 '세차장'으로 보입니다. 그러니까 당신이 어떤 생각을 하느냐가 중요한 거죠. 자꾸만 '슬럼프인가봐. 일하기 싫어'란 생각을 하면 정말로 잠시 뒤에는 당신이 슬럼프에 푹 빠져 헤어나오지 못하게 됩니다. 그러니까 부정적인 생각은 생각조차 말아야 합니다.

또한 생각을 좌우하는 것은 '말'입니다. 말은 생각보다 5배나 힘이 있습니다. 당신이 생각하는 걸 넘어서 옆자리 동료에게 '나 슬럼프인가봐. 정말 일하기 싫어'라고 말하면 생각보다 5배는 빨리 당신의 일자리가 사라집니다.

제 말이 믿기지 않는다고요? 그럼 간단한 실험을 해보죠. 눈을 감고 '짜장면'이라고 외쳐 보세요. 당신은 5분 안에 '짜장면'을 먹게 될 것입니다. 혹시 '짜장면'이 싫으면 '짬뽕'을 외치세요. 그러면 '짬뽕'을 먹게 될 것입니다. 물론 이 실험은 중국집에서 하셔야 합니다.

생각은 미래를 바꾸는 강력한 힘이 있고 그걸 말로 하면 더 빨리, 그리고 눈으로 직접 바라보면 더더욱 빨리 자신의 미래를 바꾸는 힘이 있습니다. 이번 휴가에 '발리'를 빨리 가고 싶다면 지하철 출근길에 매일 생각하세요.

'난 발리로 갈 거야.'

그리고 주변 동료들에게 말하세요.

"저 이번 휴가에 발리 갈 거예요."

그리고 책상 앞에 발리의 바닷가 사진을 붙여 놓으세요. 당신은 분명 그곳에 가게 됩니다. '도'를 믿으실래요? 제 말을 믿으실래요? 더 이상 슬럼프니 뭐니 하는 부정적 단어를 입에 올리지 마시고 긍정적 단어만 생각하고 말하세요. 가장 긍정적 힘이 있는 단어를 적어 드릴 테니 하루에 다섯 번씩 꼭 외쳐 보세요. 당신의 미래가 정말로 바뀔 테니까요.

"하하하"

과거 선후배였던 사이가 직장에서 뒤바뀌어 혼란스럽습니다

Q

>>> 당신이 학교나 고향에서 후배였다가 직장 상사가 되었나요? 그렇다면 그들에게 잘해 주세요. 이럴 경우는 별로 고민이 되지 않겠죠. 반대의 경우가 문제겠죠. 당신이 예전에는 '위'라고 생각했는데 회사에 들어와 보니 '아래'가 되었을 때 정말 속 뒤집히죠. 이럴 경우 해결책은 두 가지입니다. 그 직장을 때려치우든지, 직장에서 적응하든지.

아마 적응을 하려니까 배알이 뒤틀려서 이런 고민을 하실 겁니다. 당신은 매우 고리타분한 분이군요. 그리고 매우 가부장적인 타입. 여성이라면 못된 시누이나 시어머니가 될 확률이 높은 분이고요. 아니라고요? 남의 말을 잘 듣지도 않는 분이시군요. 왜 그렇게 판단하냐고요? 아직도 사람을 위아래로 보는 분이니까요. 물론 우리 사회에 위아래는 존재합니다. 그러나 위아래는 일을 편하게 하기 위해 만들어진 것이지 존재감이나 인품, 능력, 됨됨이에 위아래가 있는 건 아닙니다.

나이 어린 상사를 모시기가 힘드나요? 왜죠? 단지 나이가 적고 많을 뿐인데 그게 왜 직장생활을 하는 데 장애가 된다는 것이죠? 예전에 동네 후배가 단지 회사를 나보다 일찍 들어왔거나, 사장 아들이거나, 나보다 실력이 있어서 상사가 되었을 뿐인데 왜 그게 고민이 되죠?

절대 고민이라고 생각하지 마세요. 그냥 잠시 자기 자리에 앉았을 뿐이라고 생각하세요. 아주 옛날에 대학교 엠티를 가면 수건돌리기를 했었죠. 누군가 내 뒤에 수건을 놓고 가서 난 그걸 들고 뛰다가 누군가의 자리에 앉았죠. 그와 같다고 생각하세요. 학교, 고향 후배가 잠시 내 직장의 상사가 되었을 뿐이지 영원히 그 자리가 고정되는 건 아니라고 생각하세요. 그러면 고민이 사라질 것입니다. 빨리 노력해서 다음에는 내가 더 좋은 자리로 가면 그만이거든요. 특히 나보다 윗자리로 오게 된 후배가 불편하지 않도록 빨리 다가서야 합니다.

일단 먼저 알아보기.
"혹시 ○○고등학교 나오지 않으셨나요? 여기서 만나니 반갑네요."
먼저 존댓말 쓰기.
"아닙니다. 학교는 학교고 직장은 직장인데요. 말을 함부로 하면 안 되죠."
먼저 인사하기.
"굿모닝! 벌써 출근하셨어요? 역시 뭐든지 나보다 빠르시다니까."

먼저 배려하기.

"너무 신경 쓰지 마세요. 고향에 돌아가면 제가 선배지만 여기서는 제가 아래니까 더욱 잘 모셔야죠."

그리고 진짜로 주의할 것. 뒷담화하지 않기.

"학교에선 나한테 꼼짝 못하던 녀석인데…."

바뀐 건 나의 'position', 위치가 바뀐 것이지 'possesion', 소유가 바뀐 게 아닙니다.

말대꾸한다고 선배에게 혼났습니다. 일만 잘하면 되는 거 아닌가요?

Q

 >>> 당신이 생각하는 '일'과 선배가 생각하는 '일'은 차이가 있군요. 명심하세요. 선배가 당신에게 화내지 않도록 하는 것도 중요한 '일' 중의 하나입니다.

직장이란 일터입니다. 그러니까 일만 잘하면 되는 거란 당신의 생각이 틀린 건 아닙니다. 그러나 그 일을 잘 처리하려면 가장 중요한 게 '소통'입니다. 그래서 모든 회사들이 소통을 강조합니다. 그런데 당신의 말대꾸는 선배와의 불통을 불러왔고 급기야 선배가 분통 터지게 만들었습니다. 물론 자세한 상황은 모르니까 누구의 잘잘못을 이야기할 수는 없습니다. 그러나 지금은 당신 편을 100% 들기로 하죠. 그 꽉 막힌 선배는 일의 경중도 모릅니다. 우선순위도 몰라요. 일에 대해서는 나보다 ㅈ도 몰라요. 그런데 화만 냅니다. 그래서 내가 회사를 위해 뭐라고 좀 했더니 말대꾸한다며 화를 내는 겁니다. 그렇죠? 어딜 가나 회사에는 이런 또라이가 한 명쯤 있어요. 그렇다고 확 사표를 내고 딴 경쟁업체로 가시면 안 됩니다. 거기는 그런 또라이가 여럿 있을지 모르니까요.

말대꾸를 하지 말라니, 그게 군대지 회사예요? 남자라면 두 번 군대 가는 게 얼마나 큰 고통인지 아시죠? 내가 진짜 사나이도 아니고, 여자라면 이건 더 미치잖아요. 미치지 않고서야 가산점도 없는 군대를 여자가 왜 왔겠어요. 당신이 말대꾸한 것에 대해 선배가 화를 내는 이유는 지가 나보다 못났기 때문입니다.

그런데, 그런데 말입니다. 100번 당신이 옳았더라도 한 가지 깨달아야 할 것이 있습니다. 진짜 당신이 잘났다면 그 또라이 같은 선배가 당신에게 원천적으로 화를 내지 못하도록, 당신을 혼내지 못하도록 만들었어야 한다는 점입니다. 당신에게는 무기가 없었어요. 아무도 당신에게 뭐라 화를 낼 수 없도록 만드는 김정은의 핵 같은 무기 말이죠. 그게 있다면 선배는 당신이 말대꾸를 해도 후배의 훌륭한 조언, 적재적소에서 발휘되는 후배의 아이디어쯤으로 받아들였을 것입니다. 그게 바로 진짜로 일 잘하는 후배들의 무기입니다. 그 무기는 세 가지 특징이 있죠.

1. 예의 바르다
2. 빈틈이 없다
3. 예의 바르다

왜 1번과 3번이 똑같으냐고요? 그만큼 예의 바른 것이 두 배로 중요하다는 뜻입니다. 직장 선배에게 예의를 갖추세요. 당신도 선배가 되면 제 말뜻을 아실 겁니다. 말대꾸하면서 깐죽대는 후배는 패버리고 싶더라고요. 당신이 아무리 말대꾸가 아니라 해도 선배가 말대꾸라 하면 그런 겁니다. 토 달지 말라는 말을 명심하세요. 제 충고에도 토 달고 싶은가요? 어허~ 뚝!!

> 상사가 껌팔이 할머니를 외면하는데,
> 이럴 땐 어떻게 해야 할까요?
>
> Q

>>> 전후좌우를 살피세요. 이건 운전할 때만 필요한 게 아니라 회사생활에 꼭 필요한 말입니다. '하면 된다'가 통하던 시대는 나침반식 사고만 하면 됩니다. 그러나 창의·창조를 강조하는 시대는 레이더식 사고를 하는 사람만 살아남습니다. 전후좌우 360도로 눈알을 팽팽 돌려야 합니다.

지금 식탁에는 누가 있죠? 이사님, 거래처 손님, 그리고 당신. 이 상황에서 각자의 속마음을 빨리 꿰뚫어봐야 당신이 취할 행동이 결정됩니다. 그런데 당신은 지금 어떤 행동도 취하지 않고 고민만 하고 있습니다. 너무 소심한 거냐고요? 소심할뿐더러 행동도 느립니다.

성공하는 직장인은 뭐든지 빨리 결정해서 빨리 행동에 옮깁니다. 결정을 빨리하는 사람들은 머릿속에 순서도인 'Flow Chart'가 그려져 있습니다. 껌팔이 할머니란 단어를 넣으면 다음과 같은 생각이 바로 떠오르죠.

껌팔이 할머니에게 대처하는 방법

1. 산다 | 2. 안 산다

살 경우는 두 가지 이유가 있다.
A. 껌이 필요해서 산다 | B. 도와드리려고 산다

안 살 경우는 두 가지 이유가 있다.
가. 껌이 필요 없다 | 나. 돈이 아깝다

살 때도 두 가지 행동이 있다.
(1) 사무적으로 산다 | (2) 최대한 공손하게 사드린다

안 살 때도 두 가지 행동을 한다.
a. 사무적으로 안 산다 | b. 최대한 미안한 맘을 표현한다

이사님과 거래처 손님의 입장을 이 순서도에 빨리 대입해 봅니다. 그러면 이분들이 어떤 타입의 인간들이고 어떤 생각을 하는지 금방 나옵니다. 그러면 나의 행동도 금방 결정이 됩니다. 이해가 안 가시면 친절하게 예를 들어 드리죠.

이사님의 평소 언행이나 당시 얼굴 표정을 봐서 '2 - 나 - a' 타입이고, 거래처 손님의 경우 '1 - B - (2)' 타입이면 이사님께 밉보이지 않고 거래처 사람에게 야박하게 보이지 않도록 빨리 돈 천 원을 꺼내서 "식후 디저트는 제가 쏘겠습니다. 허허허" 하고 웃으면서 껌을 사야 합

니다. 혹시 두 사람 다 '2 - 나 - a' 타입이라면 "할머니, 다음에 사드릴게요"라고 하면서 빨리 할머니를 보내드려야 합니다.

  그런데 처음에 했던 전후좌우를 살피란 말이 기억나시나요? 당신 앞에는 이사님, 거래처 손님만 있는 건 아닙니다. 껌팔이 할머니도 계십니다. 그러니까 앞으로는 이렇게 복잡하게 생각하지 마시고 껌 파는 사람을 보면 그냥 사주세요. 그 할머니 입장도 생각해 드려야죠. 남들의 시선보다 중요한 건 당신이 남들을 바라보는 시선이 따듯해야 한다는 점입니다. 이것이 제가 선택을 결정하는 기본 틀입니다. 아무리 생각해도 훌륭하지 않나요?

> 회사로부터 권고 퇴직 암시를 받았습니다.
> 이제 어떻게 해야 할까요?
>
> Q

>>> 그래도 다행입니다. 권고 퇴직 전에 그 회사는 암시라도 주니까요. 암시도 안 주고 그냥 단칼에 직장을 나와야 하는 곳도 많거든요. 이래서 직장인은 매일 출근하면서 '오늘이 내 직장생활의 마지막이다'란 생각을 해야 하는 것입니다. 그런데 거의 모든 직장인들이 영원히 다닐 것으로 착각하고 있으니… 쯧쯧.

일단 저에게 상담하는 것보다 기도를 하세요. 이런 문제는 말로써 해결될 게 아니라 '기적'이 필요합니다. 냉정하게 말해서 답이 없으니까요. 준비를 안 했는데 갑자기 대책에 세워질 것도 아니잖아요.

그래도 방법을 찾아봅시다. 타임머신을 타 보세요. 시간을 초월하라는 뜻입니다. 지금부터 1년 후 나의 모습을 떠올려 보세요. 당당하게 살고 있을 나의 모습이 그려진다면 너무 지금 회사에 연연하지 마시고 과감하게 악수하고 나오세요. 만약 길거리를 방황하는 모습이 그려진다면 지금 즉시 사장실로 가십시오. 열심히 일하겠다고 사장님께 매달리세요. 가망성이 조금은 있습니다. 왜냐하면 직장도 사람들이 사는 공간이고 사장도 사람이고 진정으로 애원하면 통할 때도 있거든요. 이렇게 애원하기 싫다면 권고 퇴직을 당하지 않도록 준비했어야죠. 모든 건 자업자득입니다. 미안한 얘기지만 사장이 이미 결정을 했다면 돌이킬 수 없습니다. 다만 당신의 이 질문으로 인해 준비 안 된 후배들에게는 도움이 될 것입니다.

가끔씩 타임머신을 타야 합니다. 과거로 돌아가 초심을 되찾기도 하고, 미래로 날아가 앞으로 닥칠 일을 생각하며 계획을 세워야 하거든요. 이것을 '자기 객관화시켜 보기'라고 합니다. 성공하는 사람들은 자신을 제3자의 시선으로 봅니다. 그리고 과거, 미래를 넘나들며 자신의 현재 모습과 비교해 봅니다. 1년 전, 아니 6개월 전이라도 현재의 비참한 모습을 미리 예측할 수 있었다면 얼마나 좋았을까요.

엎질러진 물이란 표현이 있죠? 이미 물은 내 그릇에 없으니 물을 찾지 말고 빈 그릇에 무엇을 담을 것인지 생각하고 용감하게 떨쳐 일어나시기 바랍니다. 그래도 그릇은 깨지지 않았잖아요. 긍정의 힘을 믿어 보세요. 좋은 조언들이 많잖아요.

'산 입에 거미줄 치랴.' '호랑이에게 물려가도 정신만 차리면 된다.' '사람은 세 번의 기회가 있다.' '무거운 짐 진 자. 다 내게로 오라. 편히 쉬게 하리라.'

상사와 불화가 생겼을 때
어떻게 해결하면 좋을까요?

Q

>>> 불이 나면 '119'로 전화를 하면 됩니다. 그럼 상사와 불화가 생겼을 때는? '120'으로 전화해 보세요. '120 다산콜센터'가 상사와의 불화를 해결해 줄 수는 없겠지만 전화를 거는 동안 이런 생각은 들 겁니다.

'내가 미쳤나?'

그렇습니다. 상사와 불화를 만든다는 것은 당신이 미쳤다는 증거입니다. 당신이 미쳤다는 생각에서 출발해야 이 문제는 해답이 나옵니다. 미치지 않고서야 어떻게 상사와 불화를 만들 수 있겠습니까. 그러나 불도 끄는 방법이 있듯이 불화도 해결할 방법이 있습니다. 불의 성질을 파악하는 것이 소화의 첫 단계이듯 불화의 성질을 우선 파악하세요. 이것부터 생각해 보세요. 당신의 잘못이냐, 상사의 잘못이냐?

첫째, 당신의 잘못이라면 무조건 비십시오.

"부장님 죄송합니다. 제가 뭘 알겠습니까. 제가 철이 없어 그런 것이니까 제발 용서해 주십시오."

이렇게 납작 엎드려 비는 것이 좋습니다. 화재가 났을 때 젖은 수건으로 코와 입을 가리고 납작 엎드리듯이 당신도 입을 꽉 틀어막고 쥐 죽은 듯이 납작 엎드려 상사에게 싹싹 비는 것이 좋습니다.

둘째, 불화의 원인이 상사의 잘못일 경우.

음, 정말 상사의 잘못이라고 생각하시나요? 당신 아직도 미쳤어. 상사가 왜 잘못을 해! 모든 문제는 당신 때문이야. 내 탓이라고 생각하고 바짝 엎드려 빌라니까요. 비는 것밖에 없습니다.

'비나이다 비나이다. 상사와의 관계를 좋게 풀어 주소서.'

이렇게 비십시오. 비굴하기 싫다고요? 내 잘못도 아닌데 왜 비냐고요? 그럼 사표 써. 사표 쓰라고. 사표 쓸 형편도 아니고 용기도 없다면 그냥 비십시오. 비는 게 가장 빠른 대처법입니다.

옛날 중국에 한신(韓信)이라는 장군이 있었죠. 진나라를 무너뜨리고 한나라를 세우는 데 큰 공헌을 한 사람입니다. 한신의 가문도 진시황 밑에서 멸족을 당했는데 한신만 간신히 살아남았습니다. 어느 날 포악한 백정의 아들이 가랑이를 쩍 벌리고 기어가라고 했을 때 한신은 자신의 정체가 탄로 날 것을 우려해서 태연히 그의 가랑이 사이를 기어갔다고 합니다. 상사와 불화를 겪으니 차라리 싹싹 빌면서 가랑이 사이를 기어가세요. 그러면서 다짐하십시오.

'내가 언젠가는 이 회사를 먹어버릴 것이다!'

자신이 사장이 되어서 상사를 갈굴 생각을 하니까 기분 좋죠? 그 자리에 오를 때까지는 비굴하게 보이더라도 납작 엎드려서 일을 열심히 하세요. 상사와 불화를 만들지 말고.

작은 말실수에도 꼬투리 잡는 여직원과 잘 지내는 방법은?

>>> 이런 답답한 경우에도 방법은 세 가지나 있습니다. 첫째 당신이 회사를 그만두든지, 둘째 그 부하 여직원이 회사를 그만 다니도록 만드세요. 둘 다 불가능한가요? 그렇다면 세 번째 방법을 써보세요. 매사에 부정적이고 삐딱한 여자 분과 코드를 맞춰보세요.

문제를 해결하려면 객관적으로 바라보는 시선이 중요합니다. 상대가 삐딱하게 보이는 이유는 진짜로 상대가 삐딱할 수도 있지만 당신이 삐딱하기 때문에 상대가 그렇게 보일 수도 있습니다. 이럴 경우는 주변 사람들의 시선이 꼭 필요합니다. 나만 그 여직원과 마찰이 있는지, 아니면 모든 직원이 그 여직원과 마찰이 있는지를 확인해 보세요. 전자의 경우 당신에게 문제가 많고 후자의 경우는 그 여직원이 문제군요.

당신이 문제일 때는 오히려 문제 해결이 쉽습니다. 당신만 변하면 되니까요. 당신도 질문에서 살짝 언급하셨듯이 '조금 말실수'를 가끔 하시는군요. 당신에게는 조금일 수 있지만 상대방에게는 크게 다가오기 때문에 문제입니다.

한번은 제가 집으로 들어가는데 여섯 살 정도 돼 보이는 남자 녀석이 "너 같은 바보는 이 세상에 없어!"라고 하길래 그냥 웃음이 나오더군요.

"허허, 내가 왜 바보냐. 난 대학교수고 베스트셀러 작가인데. 허허."

그런데 다음 날 그 녀석이 저에게 이러더군요.

"너 같은 돼지는 이 세상에 없어!!"

이번엔 화가 나더라고요.

"이 녀석이 정말! 너 인마 어른한테 그게 무슨 말버릇이야!! 너 어디 사는 놈이야!!"

그 아이가 진실을 건드렸기 때문에 화가 난 것입니다. 당신에게는 말실수일 수 있지만 당하는 사람에게는 언어폭력이 되는 것입니다. 직장에서 이런 농담을 했다고 합시다.

"당신, 쌍꺼풀 수술한 거지? 허허허."

그런데 진짜로 수술을 했다면, 게다가 1년째 부기가 빠지지 않아서 고민 중이라면 그 여직원은 화를 내는 게 당연합니다. 만약 자연산이라면 농담으로 받아 줄 수도 있겠죠.

"호호호, 맞아요. 어머니한테 수술비 드렸어요."

그러니 이제부터 당신은 상대방에게 언어폭력이 될지도 모르는 말실수를 삼가야 합니다. 특히 성적 농담에 발끈하는 여직원들은 대부분 성적 상처를 받은 사람일 경우가 많습니다. 트라우마를 건드려서 좋을 게 뭐가 있습니까.

그리고 만약 그 여직원이 원래 부정적이고 삐딱하다면… 그냥 내버려두세요. 사람은 절대로 변하지 않습니다. 그러나 문제는 부하 직원이기 때문에 어쩔 수 없이 마주쳐야 한다는 게 문제겠죠. 이럴 때 가장 좋은 방법은 이 책을 그 여직원에게 선물해 보세요. 그리고 이렇게 말하세요.

"내 고민스러운 문제들이 나온 책이야. 그리고 해답을 얻었거든. 자기에게도 도움이 됐으면 좋겠어."

지금 책을 읽는 분 중에 당신 상사가 이 책을 선물했다면 당신이 바로 그 '매사에 부정적이고 삐딱한 부하 직원'입니다. 상사 눈 밖에 나서 좋을 것 없다고요. 정신 차리세요!!

자, 이제 문제가 해결됐죠? 다음 질문~

> 회사를 몇 개월 다녀 보니 어느새 업무가
> 싫증 나고 회의감도 생깁니다
>
> Q

>>> 하던 일을 멈추세요. 그리고 커피 한잔을 들고 창가로 가보세요. 창밖을 바라보세요. 별거 없죠? 그럼 다시 책상으로 돌아가 열심히 일하세요. 그래도 일이 손에 안 잡히시나요? 그러면 손바닥을 바라보세요. 거기엔 손금이라는 게 있습니다. 손금만 보고도 사람의 운명을 맞춘다는 사람들이 있지만 저는 믿지 않아요. 저는 손을 믿습니다. 자신이 하는 일에 따라 손이 변하거든요. 제 아들은 골프를 합니다. 가끔 아들 녀석의 손을 잡아보면 마디마디 굳은살이 만져집니다. 몇 달 만에 만나 손만 잡아 봐도 열심히 했는지 안 했는지 알 수 있습니다.

당신의 손은 무슨 말을 하고 있나요? 직장생활 몇 개월에 손이 달라지지는 않겠지만 정말로 열심히 했다면 변화가 느껴졌을 것입니다. 펜

대를 잡은 손마디가 굵어졌든지, 타이핑하는 손끝이 둔탁해졌든지, 가끔은 종이에 벤 자국이 남아 있든지, 볼펜 자국이 그어져 있든지….

겨우 몇 개월 하고서 싫증 낼 직장을 왜 들어가셨나요? 한번 들어갔다면 손이 변할 정도로 열심히 일해야 합니다. 그렇게 했는데도 도저히 자신의 일이 만족스럽지 못하다면, 아무리 재취업이 어렵더라도 쿨하게 그만두세요. 열심히 일하는 사람은 다른 직장이 곧 생깁니다.

'백수' 되기 싫으면 자신의 손이 부끄럽지 않게 열심히 일해 보세요.

왕따인 상사와 잘 지내는데, 저까지 왕따가 될까봐 두렵습니다
Q

>>> 인생은 줄입니다. 줄을 잘 서야 성공한다는 말이죠. 이 말이 나오게 된 배경은 군대입니다. 어느 줄에 서느냐에 따라 군대생활이 달라지죠. 좀 편한 곳에 배치되면 군생활이 풀리는 거고 잘못하면 뺑뺑이 돌게 되죠. 아마 남자들은 제 말을 금방 이해하실 겁니다. 예전엔 은행이나 관공서에서도 줄을 잘 서야 했죠. 내 앞에 서 있는 아줌마가 볼일이 길어지고 질문이 많아지면 나보다 늦게 들어온 사람이 옆 창구에 서 있는 모습을 봅니다. '줄 잘못 섰네' 하고 다른 줄로 바꿔 타면 또 내 줄만 줄어들지 않는 경험, 한두 번쯤 있으실 겁니다. 창구 앞이면 기다릴 만합니다. 만약 화장실 앞이라면 똥줄 타는 겁니다. 요즘은 은행이나 관공서에 번호표가 있고 또 화장실도 대부분 한 줄 서기를 하니까 좀 나아졌지만 그래도 직장에서는 줄서기가 엄연히 존재

합니다. 누구 줄에 서느냐에 따라 확 달라집니다.

　제 친구는 모 그룹의 보험 파트에서 잘나가는 편이었죠. 그런데 조기 명퇴를 해서 지금은 미국에서 아동용품 장사를 하고 있습니다. 왜 그 좋은 직장을 때려치웠냐니까 이렇게 말하더군요.

　"줄을 잘못 섰어. 내가 인재원에 차출될 때만 해도 잘나가는 줄 알았지. 그런데 내가 담당했던 신입사원 중에 자살 시도를 한 놈이 있는 거야. 또 나를 끌어 주던 상사가 물먹고 밀려나면서 나까지 찬밥 신세 되더라고. 그래서 그만둔 거야."

　이 질문을 한 당신께 당당하게 자신의 길을 가라고 말해야 모범 답안이 될 것입니다. 다른 동료와도 잘 지내고 왕따인 상사와도 친하게 지내라. 그래서 그 상사의 문제점을 고쳐주고 다른 동료와 잘 어울리게 만들어라. 그러나 이건 말뿐이지, 우리나라에서는 불가능합니다. 엄연한 줄과 칸이 존재합니다. 착해 보이는 선생님들조차 교무실에서 끼리끼리 어울린다면 믿으시겠어요? 소통과 화합을 가르치는 강사들도 편가르기를 합니다. 어디든 소속되어 있어야 맘이 편해지기 때문이죠. 당신도 이러다가 왕따 되는 것 아닌가 하는 불안감 때문에 질문을 하신 거잖아요.

　그럼 해결 방법은 뭘까요? 선택하세요. 동료를 택할지, 왕따 당한 상사를 택할지. 당신 스스로는 '서글서글하고 모나지 않다'고 생각할지 모르지만 이미 다른 사람들은 '서먹서먹하고 개성이 없다'고 평가할지도 모릅니다. 어느 순간 양쪽에서 선택을 강요당할지 모릅니다.

　"넌 어느 편이야?"

"저는 아무 편도 아닙니다. 그냥 양쪽 다 잘해주고 싶고 양쪽에서 다 욕먹기는 싫고…"라고 한다면 당신은 박쥐가 되는 겁니다. 아무리 자신은 아니라고 해도 남들이 그렇게 보는 걸 어쩌란 말입니까.

제가 업무상 오랫동안 가까이한 분이 계십니다. 개인적으로 너무나 큰 도움도 받았고 인간적으로도 좋은 분입니다. 그런데 이분이 적이 많았어요. 오랜 세월이 지난 뒤 한 후배가 이런 말을 제게 하더군요.

"형님이 그분과 가까이 지내셔서 형님도 비슷한 분으로 알고 일부러 멀리했어요."

그 말을 듣는데 참 맘이 아프더군요.

이제는 정말 선택하세요. 아니면 오랜 시간이 걸리더라도 양쪽의 마음을 다 얻든지. 그런데 그게 말처럼 쉽지 않다는 걸 아셔야 합니다. 저는 20년 걸렸거든요. 그 상사에게 솔직히 이렇게 말해 보는 건 어떨까요?

"과장님, 저에게 잘해 주시는 것처럼 다른 직원들에게도 잘해 주시면 안 될까요? 저 혼자 과장님의 사랑을 받으려니까 시샘하는 눈길이 많아서 부담스럽습니다."

> 어떻게 하면 하기 싫은 일도
> 즐기면서 할 수 있을까요?
>
> Q

 ▶▶▶ 사랑을 해보세요. 사랑을 하면 그 어떤 어렵고 지루한 일도 신나고 즐거워지니까요. 출근하는 사람들을 지켜본 적이 있습니다. 발걸음만 봐도 이 사람이 사랑을 하고 있는지 아닌지 알 수 있더군요. 사랑을 하지 않는 사람들은 발걸음이 무겁습니다. 눈도 아래를 응시하죠. 손도 주머니에 쿡 찔러 넣고 '좀비'처럼 어기적거리며 걸어옵니다. 사랑을 하는 사람은 발걸음이 가볍죠. 눈도 상대방을 바라보며 밝은 미소로 인사를 합니다. 특히 회사 내에 사랑하는 사람이 있으면 발걸음이 무척 빨라집니다. 특히 월요일이 가장 밝아요. 이틀 동안 못 보던 사람과 만나니까 얼마나 기쁘겠어요.

이미 결혼을 했다고요? 가족의 사랑을 듬뿍 받으세요. 그럼 일하는 게 즐거워요. 사랑이 정답입니다. 성경에도 쓰여 있죠. "믿음, 소망, 사랑 중에 사랑이 제일"이라고.

예를 들어 보죠. 직장이 우리에게 주는 가장 큰 기쁨은? 바로 돈입니다. 사랑을 하려면 돈이 듭니다. 애인이 좋아하는 명품 백을 사주려면 혹은 가족을 부양하려면 돈이 필요하죠. 그 돈을 채워주는 곳이 직장인데 얼마나 직장이 좋겠어요. 아무리 어려운 일을 시켜도 돈만 주면 뭔 일인들 못 하겠어요. 그 돈으로 내 사랑하는 사람에게 해줄 것이 얼마나 많은데.

당신이 직장에서 하품이나 하고 잡생각이 든다는 것은 이미 돈이 필

요 없어졌다는 얘기죠. 말도 안 되는 소리라고요? 일하기는 싫지만 돈은 필요하다고요? 그럼 우선 돈이 필요한 이유를 적어 보세요.

"아파트 대출금, 자동차 할부금, 부모님 용돈, 카드 값, 통신비…."

그 돈이 누구를 위한 돈입니까. 당신 자신을 위한 것일 수도 있지만 대부분이 주변 가족들을 위해 사용됩니다. 바로 여기에 핵심이 있는 것입니다. 당신이 번 돈을 쓰는 사람들에게 사랑하는 감정이 남아 있는지 아닌지, 그 차이에 따라 직장에서의 일이 즐겁기도, 지겹기도 한 것입니다.

물론 아주 많은 돈을 버는 사람에겐 이 논리가 통하지 않습니다. 이미 그들은 돈을 버는 목적이 우리와는 다르니까요. 그러나 평범한 직딩들에게 돈을 버는 이유는 딱 하나입니다. 사랑하는 사람을 위해 돈을 벌자. 그러니까 자신의 일을 즐기려면 사랑을 해야 하는 겁니다.

가끔씩 저도 일하기 싫을 때가 있어요.

'내가 이 일을 해야 하나? 지겹네. 우울해지네….'

그럴 때마다 제가 마이너스 통장을 보면서 힘을 얻을까요? 아들 사진을 보면서 힘을 얻을까요? 미국에서는 회사 책상에 가족사진을 올려놓는 것이 자연스럽습니다. 우리나라에서 그렇게 했다가는 한소리 듣죠.

"자네는 회사 나와서까지 가족 생각하나?"

그래도 이제는 당당하게 사랑하는 사람의 사진을 책상 위에 올려놓자고요. 힘을 얻기 위해서. 가족을 사랑하지 않거나 아직도 사랑하는 사람이 없을 때는 어떻게 하냐고요? 그럼 현빈 사진이나 소녀시대 사진이라도 걸어 놓으세요. 사랑은 파워, 파워는 사랑입니다. 제 말이 믿기지 않는다면 주변에 활기차게 일하는 동료에게 슬쩍 물어보세요.

"자기 지금 사랑에 빠졌어?"

그럼 이런 대답이 나올 겁니다.

"어떻게 알았어?"

나이 어린 상사를 모시자니 자존심 상하고, 괜히 어딘가 여행가고 싶어요

Q

>>> 나이는 상사가 적지만 제가 볼 때 당신이 상사보다 어리군요. 어디서 어리광을 부리시나요? 어디론가 여행을 떠났다가 그 다음은 어쩌시려고요. 물론 당신이 여자이고 또 그 여행이 신혼여행이라면 말리고 싶지 않습니다. 더 좋은 직장을 얻게 되는 거니까. 하지만 철없는 사람들은 대부분 철없는 사람과 만나서 결혼을 하니까 전업주부로만 있을 수도 없을 겁니다. 맞벌이를 해야 하는데 무턱대고 회사를 그만둘 수는 없는 일이죠.

일단 축하드립니다. 나이 어린 상사와 일하는 걸. 누구 약 올리냐고요? 이제 상사는 나보다 나이를 더 먹어야 한다는 고정관념을 버려야 할 때입니다. 연공서열이 이미 파괴되고 있잖아요. 나이 먹었다고 알아주고 대접받던 시대는 끝났습니다. 나이가 어린데 상사로 왔다면 능력이 있는 겁니다. 나이보다 능력을 보는 멋진 직장에서 일하는 걸 축하드립니다.

이제 나이를 보지 말고 그의 능력에 초점을 맞추세요. 그리고 뒤집어서 생각해 보세요. 그 상사도 나이 많은 부하랑 일하고 싶겠어요? 그쪽도 서먹하고 껄끄러울 것입니다. 더구나 부하 직원이란 사람이 호시탐탐 직장을 그만둘 생각이나 하고 아침마다 지각이나 하고 또 가을이 되니까 멍청하게 창밖이나 쳐다보고 있는데, 당신의 마음이 이미 한계령을 넘어 있다는 걸 그 어리고 유능한 상사가 모를 것 같아요?

이제 근본적인 문제를 파헤쳐 봅시다. 왜 회사 생활이 힘든 것인지. 일단 어린 상사와의 관계가 힘들다고 하셨죠. 그렇다면 인간관계의 기초를 배워야 합니다. 만약 나이 많은 상사가 왔다면 아무 문제가 없었을까요? 인간관계가 원활한 분들은 상대의 나이가 많든 적든 상관이 없습니다. 오히려 나이 차이를 뛰어넘는 능숙한 관계술을 갖고 있을 것입니다. 당신에게 먼저 필요한 것은 바로 이런 대인관계의 능력입니다. 관계가 좋은 사람은 상대가 누구든지 사랑을 받습니다. 당신에게 필요한 능력, 바로 사랑받는 능력입니다.

가장 기초적인 것만 알려드리죠. 얼굴을 펴세요. 낙하산과 얼굴은 펴져야 산다는 말도 있잖아요. 어린 상사에게 먼저 얼굴을 활짝 펴고 먼저 인사하세요. 그러면 사랑받습니다. 주변을 둘러보세요. 사랑받는 직원들은 모두가 활짝 웃는 사람들입니다. 아니라고요? 사랑받으니까 웃고 다니는 거라고요? 당신처럼 그렇게 부정적으로 생각하면 되는 일이 없어요. 무조건 웃고 다니세요. 그러면 사람들이 당신을 대하는 태도가 달라집니다.

"뭐 좋은 일 있어?"

"얼굴에 보톡스라도 맞은 거야? 젊어 보이네."

　웃는 얼굴이 당신에겐 가장 먼저 필요한 처방입니다. 그 후에 다른 문제들은 자동으로 해결될 것입니다.

월급은 많이 받지만 보람은 없습니다.
직장을 옮겨야 할까요?

Q

>>> 직장을 옮겨야 합니다. 보람찬 직장을 소개해 드리죠. '군대' 가세요. 진짜 사나이들은 거기로 가더군요. 거기서는 일과가 끝나면 이런 노래를 부르며 퇴근합니다.

"보람찬 하루 일을 끝마치고서~"

당신이 군대 가면 당신의 빈자리는 금방 채워질 겁니다. 월급도 많이 주지, 근무 여건도 괜찮지. 그런 직장에 가고 싶어 환장한 사람들이 지금 이 책을 읽고 있거든요. 그 직장이 어디냐고 묻고 싶을 겁니다.

하지만, 직장이라는 게 월급이나 여건만으로 만족할 수는 없죠. 당신이 말하는 보람도 중요하기는 합니다. 아주 원초적인 질문을 드리죠. 좋아하는 일과 잘하는 일, 그리고 조건이 좋은 일 중에 어떤 일을 해야 할까요? 우리나라 사람들이 자녀에게 물려주고 싶은 직업 1위가 뭔지 아세요? 초등학교 선생입니다. 아이들 좋아하고 잘 가르치면, 안정적인 보수를 받죠. 그러니 자녀에게도 물려주고 싶은 겁니다.

당신이 가장 좋아하는 일은 뭔가요? 게임이라고요? 잘하기까지. 그러나 게임 한다고 돈이 나오는 건 아니겠죠. 물론 돈까지 벌 수 있는 프로게이머라면 얘기가 달라지겠죠. 저 같은 강사나 작가 들도 그렇습니다. 강의하고 책 쓰는 거 좋아하죠, 잘하기도 하죠, 수입도 짭짤하죠. 이 세 가지가 충족되면 정말 좋은 직업, 좋은 직장이 되는 것입니다.

그런데 직장에서 보람을 못 느낀다면 세 가지 중 하나가 부족하기 때문입니다. 당신의 경우는 맡은 일을 잘하나요? 잘한다고요. 그럼 하는 일이 재미가 없군요. 재미가 없으니까 하기 싫은 거죠. 대부분의 직장인은 세 가지 중 하나가 부족합니다. 그래도 나머지 두 가지 때문에 붙어 있죠. 두 가지가 부족하면 항상 때려치우고 싶은 맘이 들고, 세 가지 다 부족하다면 자의 반 타의 반으로 그만두게 되어 있습니다. 그러니까 당신에게는 맡은 일을 잘하거나 재미있어 할 필요가 있겠군요. 하나는 충족되잖아요. 월급. 사람이 어떻게 돈 때문에 일하냐고요? 그럼 당장 그만두고 세 가지 다 충족되는 직장을 찾아보시든지.

좋아하는 일, 잘하는 일, 수입도 좋은 일. 찾아보세요. 문제는 내가 뭘 좋아하는지, 뭘 잘하는지 몰라서 시작을 못 하는 것이죠. 그건 당신 잘못이 아닙니다. 우리나라 교육이 수입 좋은 일만 찾도록 가르치고 있거든요. 그래서 직장을 구할 때 '수입 > 능력 > 재미' 이런 기준으로 결정하죠. 그러나 진정한 보람을 찾고 싶다면 '재미 > 능력 > 수입' 순으로 찾아야 합니다.

보너스~ 진정한 보람을 느끼시려면 한 가지를 추가하셔야 합니다. '내가 하는 일로 인해 다른 사람이 얼마나 행복할 수 있을까?'를 말입니다.

필요할까요? | 여자 친구가 담배를 핍니다. 막을 방법이 없을까요? | 자주 연락하지 않는 그 남자, 어떻게 해야 할까요? | 보험 때문에 자주 연락하는 친구, 단칼에 거절할 방법 없을까

<<< PART 2

애매한 인간관계를
정리하는 본격 기술

> ### '나쁜 남자' 남친과 결혼하면 후회할까요?
>
> Q

>>> 지금 마시는 소주가 분명 취하는 거 맞는데요. 그런데도 계속 끌리네요. 운전을 하게 되면 후회를 할까요? 이 질문에 대답을 해 보세요. 물론 음주운전을 한다고 다 후회하는 건 아닙니다. 오늘 밤에도 전국적으로 수천, 아니 수만 명의 사람들이 음주운전을 할 겁니다. 그런데 경찰에게 걸리는 사람은 수백 명, 사고로 이어지는 사람은 수십 명 정도겠죠. 음주운전자 중의 1%가 사고로 이어진다고 가정합시다. 이럴 때 여러분의 선택은?

'난 1%에 속할 리가 없으니까 그냥 운전해서 집에 갈 거야.'

'난 1%라도 걸릴 확률이 있으니까 대리기사를 부를 거야.'

선택에 따른 결과는 당신 책임입니다. 결혼도 마찬가지. 당신은 이미 나쁜 남자라는 것을 알고 있습니다. 그러나 1%의 가능성을 믿고 결혼을 할 수도 있겠죠. 만약 당신이 확률 게임을 믿는 사람이라면 결혼을 적극 말리겠어요. 확률 상으로 불행해질 테니까. 그러나 당신이 '확률은 뭔 놈의 확률이냐. 미래는 내가 개척하는 것'이라고 생각한다면 결혼을 말리지 않겠어요. 그 남자가 당신 때문에 좋은 남자로 바뀔 수도 있으니까요.

그런데 결혼을 결심하기 전에 이것 하나만 생각해 보세요. 왜 음주운전이 나쁜 것인지. 사고가 날 확률이 1%라고 하더라도 그 1%가 자신의 목숨, 상대방의 목숨, 주변 가족들의 행복을 송두리째 앗아간다는 사실을.

여성들이여, 결혼을 결정하기 전에는 꼭 한번 확인해 볼 것이 있습니다. 바로 남자의 미래. 남자의 미래를 어떻게 확인하냐고요? 과거를 보면 현재가 보이고, 현재를 관찰하면 미래를 확인할 수 있습니다. 과거 그 사람이 감명 깊게 읽은 책 세 권을 추천받아 읽어 보세요. 그 사람을 알 수 있습니다. 현재 그 사람이 쓰는 단어를 주의 깊게 들어 보세요. 부정·비난·불만 섞인 말, 욕, 상처 주는 단어를 자주 사용한다면 그의 미래는 매우 우울해질 것입니다. 간단한 방법도 있어요. 아버지를 만나 보세요. 그 사람이 미래의 당신 남편의 모습입니다.

더 간단한 방법을 알려 드릴까요? 화장실에서 나오는 그의 손을 잡아 보세요. 손을 씻고 나왔다면 그 손 놓지 마세요. 안 씻고 나왔다면 당장 그 손을 놓고 헤어지세요. 진짜 좋은 남자, 남편, 아빠 들은 '성실함'이 바탕에 깔려 있어요. 그 성실함의 기본은 아무도 안 보는 곳에서도 자기 할 일을 하는 것입니다. 자신의 애인을 진짜로 사랑한다면 깨끗하게 손을 씻고 나옵니다. 애인에게 잘 보이기만 원한다면 거울만 보고 그냥 나오겠죠.

결혼하지 마세요. 그냥 차버리세요! 나쁜 남자는 나쁜 남편의 과거 형이랍니다.

> **Q** 남녀 사이에서는 어떤 배려가 필요할까요?

>>> 배려라고 하니까 너무 광범위해서 두 가지 유형의 데이트로 한정해서 알려 드릴게요. 자동차 데이트와 걷는 데이트.

자동차를 타고 데이트하는 경우가 많죠. 이때 남자는 여자에게 문을 열어줘야 합니다. 우리나라 남자들은 이걸 못해요. 하는 경우는 딱 두 경우. 차가 새 거든가 여자가 새 거든가. 모텔에 들어갈 때 차 문을 열어주던 남자가 모텔에서 나올 때는 차 문을 열어 주지 않습니다. 여자들은 당신이 차 문을 열어주지 않는 순간부터 의심을 합니다.

'이 놈이 애정이 식었어.'

그리고 영화에서 많이 봤겠지만 아주 좋은 배려를 빙자한 할리우드 액션이 있어요. 차가 급정거할 때 오른손으로 여자의 앞쪽에 손을 뻗는 거죠. 이러면 여자들은 자신이 보호받는다는 느낌이 듭니다. 남자들에게는 신체 접촉이라는 보너스도 따라오고요. 어설프게 하면 오히려 바람둥이로 의심받거나 따귀를 맞을 수도 있으니 조심하시고요.

여자의 경우는 옆에 앉아서 자동차 운전에 도움을 줘야 합니다. 가장 나쁜 건 자는 거죠. 더 나쁜 건 침 흘리면서 코 골고 자는 거. 그렇다고 내비게이션을 찍어주고 능숙하게 백미러를 조절해 주면 안 됩니다. 남자들은 이런 생각을 하거든요.

'도대체 몇 놈이랑 차를 타고 다닌 거야?'

옆에 앉아서 재미있게 이야기도 해주고, 들어주고, 간식거리를 챙겨주는 정도가 좋습니다. 남자들은 차를 타고 갈 때 실제 자기 성격이 드러나는 경우가 많습니다. 차를 어떻게 모는지 잘 관찰해 보세요. 운전 습관이 성격이고 또 운전 습관이 섹스 스타일이니까요. 조심조심하는지 거칠게 하는지 잘 관찰해 보세요.

저는 개인적으로 자동차 데이트보다 걷는 데이트를 권장합니다. 자동차 데이트 커플은 빨리 달아오르지만 빨리 식기도 하죠. 차 사고가 날 확률도 높아요. 안에서 나는 사고는 전치 9개월짜리도 있거든요. 이동 중엔 어쩔 수 없이 차를 타고 가도 걸을 수 있을 때는 걷는 데이트가 건강한 관계를 만듭니다. 함께 같은 방향을 보고 걸어가면서 살짝살짝 어깨를 부딪고 손등이 스쳐가는 짜릿함을 못 느껴 봤다면 당신은 삶의 절반을 모르고 사는 겁니다. 함께 땀을 흘리는 관계가 오래 가는 법이거든요.

이때 남자가 배려할 것은 여자의 신발을 관찰하는 겁니다. 여자들 구두는 기능성보다는 미학적 측면에서 디자인되었기 때문에 생각보다 발이 아픕니다. 걷기 편한 장소, 걷기 편한 시간 등을 고려하세요. 여자들이 가장 부담 없이 오래 걸을 수 있는 곳은 백화점, 쇼핑센터입니다. 남자들이 걷기 좋아하는 곳은 동네 불량배가 없는 으슥하고 컴컴한 길. 중간 접점을 찾아보니까 아웃렛이 좋겠네요. 요즘은 시외로 나가면 아웃렛이 많아요. 꼭 쇼핑을 하지 않더라도 눈과 입을 즐겁게 해주는 데이트 코스를 잡아서 계획을 세우세요. 여자들은 "어디 갈래? 뭐 먹을래?" 하는 놈을 제일 싫어합니다. 이건 배려가 아니라 배신이죠. 자기를 위해 귀중한 시간을 내줬으면 플랜을 딱 짜서 와야 하는 거 아니냐고 생각하죠. 요즘은 인터넷, SNS, 어플 등이 잘 발달되어 있잖아요.

여자들이 해야 할 배려는 남자의 준비된 데이트에 감격하고 칭찬해주는 게 가장 좋습니다. 칭찬은 고래만 춤추게 하는 게 아니라 고래 잡은 남자들을 춤추게 하니까요.

여자 친구가 담배를 핍니다.
재치 있게 끊게 할 방법 없을까요?

Q

 >>> "담배 끊어!!!"

별로 재치가 없나요? 그러면 이렇게 말씀해 보세요.

"우리나라는 참 담배 끊기가 어려운 나라야. 담배 이름이 너무 예뻐. 레종, 더원, 디스 플러스…. 담배 이름부터 바꿔야 해. '폐암말기', '벤조피렌', '가래침'…. 아줌마, 여기 '폐암말기' 하나 주세요."

그녀가 웃으면 이렇게 진지하게 말해 보세요.

"자기야. 담배를 끊을래, 내 목숨을 끊을래. 간접흡연이 더 나쁜 거 알지? 난 자기 때문에 간접흡연을 해서 일찍 죽을 거 같아. 나 좀 살려 주라."

이번 기회에 확실하게 그녀가 담배 피는 걸 막아주세요. 결혼까지 생각한다면 소중한 아이가 잉태될 아기집을 재떨이로 만들 수는 없잖아요. 확실하게 끊는 방법이 있어요. 다음 대사를 해보세요. 당장 끊을 거예요.

"자기야. 담배 끊으면 자기가 좋아하는 명품 백 사줄게."

돈 아까워하지 마세요. 건강을 위해 이렇게 싼 투자는 없을 테니까요. 참고로 저는 담배를 안 피고 아내는 피웠어요. 그런데 한 번에 끊게 만들었어요. 그리고 가방을 계속 사주고 있어요.(ㅠㅠ)

자주 연락하지 않는 그 남자,
어떻게 해야 할까요?

Q

 >>> 자주 연락하지 않는 이유가 분명한가요? 외항선을 탄다든지, 감옥에 갔다든지. 그런 게 아니라면 당신에게 맘이 떠났군요. 남자들은 좋아하면 연락을 자주 합니다. 그러니까 연락이 뜸해졌다면 사랑이 식었다고 봐야겠죠.

물론 처음부터 연락이 없던 사람은 예외입니다. 이런 경우는 첨부터 당신을 별로 좋아하지 않았다는 뜻이고요. 너무 잔인하게 말한다고요? 현실은 항상 잔인해요. 그러나 현실을 아름답게 만들자는 것이 목표니까 몇 가지 방법을 알려 드릴게요.

문자를 이용하는 방법.
답이 올 수 있도록 퀴즈나 질문형으로 보내세요.

"이번 토요일에는 뭐할 거야?"

"계획 없으면 내가 세워도 될까?"

"영화 볼래? 연극 볼래?"

한국 사람들은 삼세번입니다. 이렇게 삼세번을 해도 답이 없다면 당신은 이미 수신자 거부로 등록된 게 확실합니다. 아니면 당신이 스토커든가.

전화를 이용하는 방법.

걸었다가 세 번 울리면 끊으세요. 그래도 전화가 없다면 다시 걸어서 이번에는 그 남자가 받자마자 끊으세요. 그러면 전화가 올 것입니다. 그래도 전화가 안 온다면 포기하세요. 당신이 납치돼도 안 찾을 사람이니까.

편지를 이용하는 방법.

손편지로 당신의 마음을 전해 보세요. 당신이 그에게 느끼는 마음을 진솔하게 전해 보세요. 진짜로 사랑하는 사람이라면 이런 손편지에는 누구나 감동받고 답장을 하게 됩니다. 그래도 아무 연락이 없다면… 그냥 잊으세요.

자주 연락하지 않는 남자는 과묵하거나 성격이 그런 게 아니라 그냥 당신이 싫어진 것을 그렇게 표현하는 것입니다. 만약 제 의견에 동조하지 않는 남자가 있다면 연락 주세요. 절대 연락 안 올 겁니다.

> 보험 때문에 자꾸 연락하는 친구,
> 단칼에 거절할 방법 없을까요?
>
> Q

>>> 거절하세요. 못 한다고요? 그러면 이 책 말고 다른 책부터 읽으세요. '보험약관'이요. 그건 글씨도 너무 작고 재미도 없고 이해도 안 가서 못 읽겠다고요? 그럼 친구에게 말하세요.

"난 보험에 대해 잘 모르니까 가입은 못 하겠어."

솔직히 우리나라 사람 몇 명이나 자신이 들은 보험에 대해서 잘 알겠습니까. 거의 없을 겁니다. 대부분 보험은 보험 보고 드는 게 아니라 사람 보고 듭니다. 그러니까 그 친구가 믿을 만하면 눈 딱 감고 그냥 사인하세요.

그 정도로 신뢰가 없는 친구라면 그냥 거절하세요. 신뢰 안 가는 친구가 권유하는 보험은 나중에 꼭 말썽이 생깁니다. 당신에게 불리한 보험일 확률이 높습니다.

이미 사인을 하셨다면 15일 내로 청약 철회가 가능하니까 그렇게 하세요. 15일을 넘겼다고요? 그럼 3개월 내에 설명을 못 들었다고 하면서 해약하세요. 지금 친구에게 욕먹는 게 두고두고 후회하는 것보다 낫습니다.

　혹시 보험에 가입할 형편이 안 되나요? 그렇다면 더더욱 확실하게 이야기하세요.

　"미안하다. 내가 요즘 아파트 대출금 갚기도 빡빡하거든. 보험은 미

래를 위해 드는 건데 나는 현재도 불안해."

 용기 있는 사람이 미인을 얻는다고 하지만 진짜 용기 있는 사람은 'No'를 잘합니다.

밀당은 꼭 해야 하는 걸까요?

Q

>>> 연애의 고수들만 알고 있는 '밀당의 기술', 그리고 연애의 도사들만 알고 있다는 '고백의 기술'. 결론적으로 말하자면 두 가지 방법을 적절히 활용해야 합니다. 다시 말해 밀당을 하는 중에도 솔직한 감정 표현을 해야 하고, 결정적 순간에 솔직한 감정 표현을 통한 사랑 고백을 했더라도 그 후에 계속 밀당을 해야 한다는 말입니다. 왜냐하면 사랑은 변하니까.

한국영화 명대사 중에 "어떻게 사랑이 변하니?"라는 말이 왜 우리 가슴을 요동치게 만들까요? 바로 모두가 한 번쯤 해봤던 대사이거나 머릿속에 떠올린 말이기 때문입니다.

사랑은 변합니다. 그렇다고 사랑과 등지고 살래요? 사랑이 변하는 게 아니라 솔직히 말하면 '사람'이 변하는 겁니다. 변하는 사람과 사랑을 꼭 붙잡을 수 있는 유일한 방법, 변화 속에서도 당신이 살아남을 수 있는 방법은 뭘까요? 거대한 파도가 칠 때 작은 돛단배가 침몰하지 않고 항해하는 방법은 파도와 바람을 타는 것입니다. 마찬가지로 변하는 사람과 사랑 속에서 살아남으려면 당신도 그때그때 순응해야 합니다.

변하는 게 나쁜 건가요? 번데기는 변해서 나비가 됩니다. 얼마 전 신문에 불량 청소년이었던 아이가 변해서 청소년을 선도하는 판사가 됐다는 기사를 보았습니다. 당신도 어느 순간 변했기 때문에 지금의 모습이 되었잖아요. 변하지 않으면 그냥 썩어 문드러질 뿐입니다.

사랑을 하면서 처음 느꼈던 짜릿함을 영원히 간직하고 싶다고 말하는 바보들이 있는데, 결혼 후에도 매일 그런 찌릿찌릿한 충격을 받는다면 모두 심장마비 걸려 죽습니다. 늘어진 뱃살이나 빠져 가는 머리를 보면서도 빙그레 미소 지을 수 있는 건 짜릿함이 푸근함으로 변했기 때문입니다.

그러니까 이렇게 사랑을 하세요. 사랑의 기술로 밀당을 적절히 활용하고 본질적인 마음은 솔직함에 바탕을 두세요. 사랑은 밀고 당기기. 그러나 장난이 아니라 진실되게!

두 여자를 놓고 이리저리 저울질하면서 밀고 당긴다면 그건 밀당이 아니죠. 진실되게 사랑 표현을 하더라도 밀고 당기는 재미가 없다면 고백을 들어도 짜증나잖아요. 그러니까 이 두 가지를 조화롭게 잘 활용해야 하는 겁니다. 자동차의 액셀과 브레이크처럼.

남자 친구와 종교가 달라 갈등을 겪고 있습니다

Q

 >>> 종교와 사랑 중에 뭐가 더 중요할까요? 종교? 그럼 헤어진 뒤 종교가 맞는 다른 남자를 찾으세요. 만약 사랑이 중요하다면 남자 친구 따라서 교회에 가세요. 상담 끝.

카레 묻은 휴지로 밑 닦은 기분인가요? 뭔가 더 설명해 주기를 바라나요? 사실 모든 상담의 기본은 상대방을 변화시키는 것입니다. 상담 받은 사람이 올바른 선택을 해서 바른 방향으로 변한다면 가장 좋겠죠. 그러나 대부분 그렇지 않아요. 아무리 현실적이고, 과학적이고, 이치에 맞고, 가장 확실한 방법을 제시해 줘도 사람들은 '자기 뜻'대로 결정 합니다. 상담은 그냥 참고만 할 뿐이죠.

대부분 고민하는 사람들은 첨부터 자신이 어떻게 해야 하는지 알고 있습니다. 다만 자신의 결정에 확신을 심어주든지, 자신이 잘못된 길로 가기 전에 누가 붙잡아주기를 바라는 심정으로 고민을 털어놓죠. 어떻게 하는 것이 올바른 길인지 이미 잘 알고 있습니다. 그러나 선택에 따른 결과가 잘못될 수 있다는 불안 때문에 쉽게 결정을 못 하는 것이죠.

그냥 심플하게 생각하세요. 종교와 사랑 중에 더 중요하다고 생각되는 쪽을 선택하시면 됩니다. 그게 힘들다고요? 종교를 선택하자니 남자 친구가 아깝고, 남자 친구를 따르자니 종교가 문제가 되겠고. 100% 만족하는 선택은 없습니다. 51%만 넘으면 선택하세요. 49%에 미련 갖지 말고. 어차피 선거에서 49%의 득표는 무의미합니다. 선택을 빨리 하세요. 3초 만에 직관적으로 하든지, 3개월 동안 심사숙고를 하든지 최종선택은 거의 똑같습니다. 어차피 결정은 과거 50%의 경험과 49%의 지식과 1%의 즉흥적 감정으로 판가름이 납니다. 당신 뇌 속에 담긴 99%의 정보를 통해 이미 결정이 난 거라고요.

참고로 한마디 더. 종교로 인한 갈등은 봉합되기 힘듭니다. 가급적 종교가 같은 사람과 사귀는 게 좋습니다. 남자친구에게 이렇게 물어보세요.

"내가 끝까지 교회에 안 간다면 나랑 헤어질 거야?"

그때 남친의 대답에 따라 결정하세요.

"아니. 언젠가는 너를 전도해서 꼭 교회에 데리고 갈 거야."

이런 경우는 상대가 포기하지 않을 테니까 당신이 포기하고 이번 주일부터 교회 나가세요. 만약에 "응, 그러면 헤어질 거야"라고 말한다면 이때는 그냥 헤어지시면 됩니다. "음… 엄마에게 물어볼게"이러면 지금 당장 헤어지시고요. 최종 결정을 내릴 때 상대방의 '말'에 귀를 기울이세요. 그 사람의 말 속에 답이 있습니다.

그런데 한 가지 궁금한 게 있네요. 왜 교회에 못 나가는지. 다른 종교가 있나요? 그렇더라도 정말 남친을 사랑한다면 한 번쯤은 그의 소원을 들어줄 수 있지 않을까요? 마찬가지로 남친도 여친이 그렇게 반대한다면 종교 문제를 배제하고 만나는 것은 어떨까요. 그렇게 한 몇 달 사귀다 보면 헤어질 커플은 종교 문제가 아니라도 헤어지고, 꼭 만나야 할 커플은 종교 문제를 극복하게 된답니다. 딱 6개월만 그렇게 만나 보세요.

> 배우자 이외에 이성 친구를 만나는 건
> 정말 안 되는 일일까요?
>
> Q

>>> 됩니다. 내 마누라만 아니면 상관없습니다. 이것이 대부분 한국 남자들의 답일 것입니다. 직장에서 알게 모르게 불륜이 싹트는 경우가 있습니다. 왜냐하면 아내보다 더 많은 시간을 (눈뜨고) 보내고 더 많은 시간 대화를 하기 때문에 '유부녀+유부남' 혹은 '유부녀+총각'의 관계에 연애의 감정이 피어오르기 쉽습니다.

과연 우리나라에 애인 있는 유부녀가 많을까요, 적을까요?

'1. 많다'라고 답을 하신 당신은 이미 유부녀와의 연애에 빠진 경험이 있군요. 혹은 그 유부녀시든가. 왜냐하면 자신이 그런 경험이 있다면 다른 사람도 그럴 것이라고 느끼기 때문에 1번을 선택하게 됩니다.

'2. 적다'라고 답을 하신 당신은 아직까지 주변에서 애인이 있는 유부녀를 만나지 못하셨군요. 아니면 본인이 바른생활을 하고 계시든가.

예전처럼 남녀칠세부동석을 강조할 수도 없기 때문에 성인 남녀가 같이 생활하다 보면 호감이 가는 사람이 생길 수 있습니다. 밥도 먹을 수 있고, 술도 마실 수 있고, 그러다가 가까워지는 경우도 많더라고요.

이런 사실을 배우자가 눈치채지만 그냥 눈감는 경우도 많습니다. 확인해봤자 이혼할 걸 아니까 바람이 잦아들 것을 기대하고 넘어가는 거죠. 사회가 이렇게 됐으니 나도 시류에 편승해서 그냥 은근슬쩍 이성 친구도 만들고 연애도 하고… 그래야 할까요? 남들도 빨간불에 건넌다고 나도 따라 건너는 게 뭐가 문제냐고요?

솔직히 이건 양심의 문제입니다. 누가 말린다고 들을 것도 아니고, 내 양심의 무게만큼 행동하세요. 내 양심의 무게가 참을 수 없을 정도로 가볍다면 그냥 그렇게 사세요. 양심의 무게가 무거워 나를 묵직하게 누르고 있다면 양심에 찔리지 않도록 사세요. 이렇게밖에 말씀드릴 수가 없네요.

그러나, 그러나 말입니다. 그 모든 바람의 끝이 비극이거나 공포물로 끝난다는 사실을 명심하세요. 해피엔딩의 로맨틱 코미디로 끝내고 싶다면 직장 내 이성 간의 대화, 관계, 모임에서 일정 거리를 꼭 유지하세요. 오해할 행동과 대화도 삼가세요.

부부와 불륜의 차이가 뭔지 아세요? 부부는 몸이 가까워지면 맘도 가까워지는데 불륜은 몸이 가까워질수록 맘이 멀어진다는 것이죠. 그리고 부부끼리 쓰는 돈은 투자이지만 불륜에게 쓰는 돈은 낭비일 뿐입니다.

유부녀, 유부남에게 연애는 당연히 금지사항입니다. 그냥 친구 사이는 된다고요? 브레이크 없는 자동차를 운전한다고 생각하세요. 시작도 마세요. 사고로 이어집니다. 전치 4주 정도면 가벼운 상처죠. 전치 10개월짜리 사고도 생긴다니까요.

데이트할 때 절대 열리지 않는
그녀의 지갑, 어떻게 하면 열릴까요?

Q

 >>> 이 질문에 답을 할 필요가 없겠네요. 이 질문을 하신 분은 이미 책을 읽고 나서는 헤어졌을 테니까요. 애정이 식으면 본전 생각이 나거든요. 그러나 다른 커플들을 위해 대답을 해드리죠.

기본적으로 남녀의 심리를 파악해야 합니다. 애인이 사랑스러울 때 남자들은 지갑을 팍팍 엽니다. 그러다가 점점 본전 생각이 난다는 뜻은 여자가 지겨워졌다는 뜻이죠. 여자들은 데이트 초기에 남자가 자신을 얼마나 사랑하는지 확인하는 척도로 데이트 비용의 씀씀이를 봅니다. 그러니까 데이트 초기에 남자가 데이트 비용을 지불하는 것은 어느 정도 당연합니다. 그러나 6개월이 지나도 여자가 지갑을 열지 않는다면 이런 방법을 써 보세요.

"자기야. 우리도 이제 미래를 준비해야 하지 않을까? 내 선배 중에 결혼한 사람이 있는데 결혼하고 나서 보니까 데이트 비용으로 썼던 돈이 너무 아깝더래. 그래서 말인데 우리도 앞으로는 데이트 비용의 반을 미래를 위해 저축하는 거야. 나중에 이 돈은 결혼한 뒤에 요긴하게 쓰는 거지. 당신 백도 사주고, 아기 유모차도 사고…. 어때 내 생각이?"

이때 여자의 반응을 잘 살펴보세요. 그 반응에 따라 대처 방법이 다르니까. 그러자고 동의를 하면 당신은 앞으로 데이트 비용을 반만 쓰게 됩니다. 반은 당신 이름으로 된 통장에 쌓일 테고. 결혼을 하면 약속대로 그녀에게 명품 백을 사주면 되고, 만약 헤어진다면 통장에 쌓인 돈을 보면서 슬픔을 달래세요. 이제부터는 상대방이 지갑을 열지 않아도 당신의 데이트 비용은 반으로 줄어들 겁니다. 만약 여자가 통장을 자기 이름으로 만들겠다고 하면… 그녀는 꽃뱀입니다. 꽃뱀에게 계속 빨리고 다닐래요?

데이트에서 절대 지갑을 열지 않는 여자들의 심리를 파악해 보세요. 한마디로 개념이 없는 여자입니다. 요즘은 혼자 벌어서 먹고살기 정말 힘든 시대예요. 남자가 밥을 사면 여자는 커피를 사고, 남자가 영화티켓을 끊으면 여자가 팝콘을 사는 정도의 센스와 애교는 있어야 합니다. 커피 값이 밥값과 똑같고 팝콘도 장난이 아니게 비싸다고요? 그러면 남자가 밥과 영화를 위해 지갑을 열면 여자는 버스 카드라도 두 번 찍어주는 배려가 있어야 합니다.

모든 걸 당신에게 의지하는 여자는 딱 두 종류입니다. 이미 당신과 한 몸이 됐다고 느끼는 예비 마누라거나 꽃뱀입니다. 여자분 중에 이

걸 보면서 화를 내실 분도 있겠네요.

"무슨 말씀을 그렇게 하세요. 저는 아직 결혼 생각이 없어요. 꽃뱀도 아녜요!!"

그런데도 당신이 지갑을 열지 않는다면… 거지군요. 거지 근성이 있는 여자와는 사귀지 마세요. 그리고 남자분도 잘 생각하세요. 지갑 열기가 꺼려진다는 건 그만큼 애정이 식었다는 뜻이니까.

참고로 이삼십 대 여성들이 생각하는 하루에 적당한 데이트 비용은 3~4만 원이었습니다. 가장 좋아하는 데이트 코스는 극장, 남자는 술집이라고 답했더군요. 이 질문을 하신 분께 진짜로 하고 싶은 말은 이겁니다.

"쪼잔하게 굴지 말고 많이 벌어서 팍팍 써라. 그게 남자다!"

> 결혼 전에는 정말 여러 사람을 만나보는 게 좋을까요?
>
> Q

>>> 당신이 남자라면 딱 한마디 해드릴게요.

"바보야 그걸 이제 알았냐?"

당신이 여자라면 할 이야기가 길군요. 일단 어머니께 여쭤보세요. '그래, 많은 남자를 만나 봐'라고 말씀하시면 어머니는 아버지가 첫 남자인 게 분명합니다. 그리고 그리 만족스러운 결혼 생활을 못 하셨고요. 만약 '아니다. 여자는 한 남자만 만나야 한다'라고 말씀하신다면… 환생한 조선의 상궁이 틀림없습니다.

말 잘하는 유재석도 처음 MC를 본 프로그램을 보면 엄청 떨고 버벅댔습니다. 처음부터 프로는 없습니다. 남녀 관계도 마찬가지. 처음 만나는 사람이 최고의 짝일 확률은 천분의 일, 만분의 일도 안 됩니다. 바리스타는 커피를 많이 마셔본 사람이고, 소믈리에는 포도주를 많이 마셔본 사람입니다. 그러니까 최고의 짝을 찾으려면 많은 사람을 만나 봐야 합니다. 그래야 상대방을 알 수 있는 눈이 트이니까요.

그런데 여자들은 '만난다'라는 말을 착각하고 있습니다. 많은 남자와 선을 보고, 많은 남자와 데이트를 하고, 많은 남자와 모텔로 가 보라는 말이 절대로 아닙니다. 죄송하지만 제 경우를 설명 드릴까요? 저는 첫 번째 소개팅을 한 여자와 처음 데이트를 하고, 첫 경험을 하고, 첫 결혼을 했습니다. 물론 그녀와 첫 이혼도 했지만 지금은 다시 잘 살고 있어요. 100명의 남자를 줄 세운다면 저는 결혼 잘한 5위 안에 들 것입니다. 뒤로 네 명이 서 있고요.

왜 데이트 경험이 없는 제가 여자를 잘 골랐을까요? 저는 연극영화과를 다니고 일찍부터 방송국 생활을 하면서 수많은 사람들을 만나고 수많은 경험과 상상을 했습니다. 간접경험이 풍부했다는 뜻입니다. 게다가 재수까지 좋아서 후배가 소개해준 첫 여자가 저의 반려자가 됐죠. 그러니 제가 '여러 명을 만나 보라'는 뜻은 다양한 방법으로 이성과 소통을 해보라는 뜻입니다.

저는 제가 만났던 모든 여자를 '사귀고 싶은 사람, 결혼하고 싶은 사람'이란 무대 위에 세워 놓았어요. 물론 당사자들은 모르지만. 그러니까 그들에게 더욱 친절했고, 더욱 나이스했고, 그래서 그들로 하여금 나쁜 평판을 듣지는 않았어요. 물론 절대로 들키지 말아야 합니다. 예수님의 "네 이웃을 네 몸같이 사랑하라"는 말대로 '네가 만나는 이성을 네 짝인 것처럼 사랑'했던 것이죠. 그러면 그 사람의 장단점이 훨씬 눈에 잘 들어옵니다.

당신의 회사에 사랑하고 싶은, 결혼까지 하고 싶은 사람이 있나요? 대부분 없다고 말하더라고요. 그러니까 짝을 못 찾는 겁니다. 열린 맘으로 주변 이성들을 살갑게 대한다면 그중에 당신을 맘에 들어 하는 사람이 생길 것입니다. 그때 결정하면 되죠. 이 카드를 내가 받을지 안 받을지. 절대 오해하지는 마세요. 이리저리 흘리고 다니며 천박하게 굴라는 것이 아닙니다. 누구에게나 똑같이 잘해 주고, 사랑스럽게 대해 주고, 배려해 주고. 그러면서 상대방이 눈치채지 못하게 나의 짝을 찾으라는 것입니다. 이것이 다양한 이성과 만나는 방법입니다.

앞으로 당신이 만나는 모든 사람들을 당신의 짝처럼 바라보고 배려해 주세요. 상대에게 내 맘을 들키지만 말고. 참, 요즘도 제가 다른 여자들을 내 짝처럼 생각하냐고요? 그건 아니죠. 예수님이 이런 말씀도 하셨잖아요.

"네 이웃의 아내를 탐하지 말지니라."

미지근해진 연애, 어떻게 하면 처음처럼 설렐 수 있을까요?

Q

>>> 남녀가 처음 만나 그 설렘이 사라지기까지의 기간이 1년 반이라고 배웠는데 얼마 전 통계를 보니까 1년 2개월로 짧아졌더군요. 세상 모든 게 빨라지면서 설렘이 사라지는 기간도 빨라지나 봅니다. 처음 그녀를, 혹은 그놈을 만나 설레던 기억을 떠올려 보세요. 만날 생각만 해도 심장이 '바운스바운스' 하고 손이라도 잡을라치면 심장이 요동쳤죠. 첫 키스의 짜릿함으로 심장이 터져버릴 것 같았습니다.

그 설렘이 계속된다고 꼭 좋은 것일까요? 만날 때마다 그렇게 심장이 두근거리면 온 세상 커플들은 전부 심장마비로 죽을지도 모릅니다. 그래서 어느 정도 지나게 되면 '정 때문에' 같이 살게 되어 있습니다.

그래도 설레는 느낌을 어느 정도는 유지하는 게 좋겠죠. 그걸 유지하기 위해서는 노력이 필요합니다. 공짜로 얻는 것은 없습니다. 내가 무엇을 얻으려면 무엇인가 지불해야 한다는 지상 최고의 명제를 기억하세요. "There is no free lunch."

데이트를 하면서 항상 설렐 수 있는 가장 쉬운 방법은 데이트 상대를 매번 바꾸는 것입니다. 정말로 이런 노력을 하라는 게 아니라 같은 상대에게 항상 다른 느낌을 줘야 한다는 뜻입니다. '3P'의 법칙을 기억하세요. "Place, Performance, Peep."

Place. 장소를 바꿔보세요.

데이트 코스가 항상 똑같지 않나요? 밥 먹고 영화 보고 차 마시고. 항상 먹는 밥이지만 새로운 식당을 찾는다든지, 영화보다 때로는 연극이나 뮤지컬을 감상한다든지. 차를 마시더라도 때로는 전통찻집이나 지하철 자판기를 이용해 보세요. 초창기 때는 남자들이 데이트 코스에 신경 쓰다가 "어디 갈까?"라는 소리가 나온다면 권태기에 접어든 것입니다. 장소만 바꿔도 설렘을 느낍니다. 부부간에는 침대 자리만 바꿔도 설렌다고 하잖아요.

Performance. 데이트도 일종의 공연입니다.

매일 똑같은 등장인물이 같은 대사만 한다면 당연히 질리겠죠. 영화배우가 다음 작품에서는 연기 변신을 하는 것처럼 연인들도 매번 데이트에서 새로운 공연을 보여줘야 합니다. 하루는 로맨틱한 모습이었다면 다음은 터프한 모습으로, 때로는 코믹한 모습으로 다가서야 합니다. 아무리 재밌는 「개그콘서트」도 1년을 넘기는 코너는 많지 않습니다. 연기자도 생존을 위해 매주 새로운 아이디어를 짜듯이 진정한 연애의 고수들은 매번 새로운 캐릭터와 구성으로 상대방을 맞이합니다. "오늘 당신 좀 달라 보이네"라는 말을 듣는다면 성공한 것이죠.

   Peep. 슬쩍 엿보는 겁니다.

   혹시 'Peep Show'를 아십니까? 몰래 상대방의 성행위를 들여다보는 음란퇴폐공연이죠. 이것이 가장 짜릿한 쾌감을 준다고 하더군요. 그렇다고 여러분도 이런 못된 짓을 하라는 게 아닙니다. 상대방을 항상 같은 방향에서 바라보니까 설렘이 사라지는 것입니다. 사람은 누구나 양파 같아서 까면 깔수록 새로운 면을 발견하게 됩니다. 현재까지 알고 있는 상대방의 모습을 다른 각도에서 슬쩍 들여다보세요. 몰래 관찰해보세요. 그러면 새로운 설렘이 나타납니다. 상대방에게는 나의 모습을 처음부터 다 노출시키지 말고 슬쩍슬쩍 보여줘야 상대방이 계속 설레겠죠? 남자들은 여자의 전신 나체보다 옷깃 사이로 보이는 속살에 더욱 애간장이 타는 법이니까요.

   이런 노력으로 항상 설레는 관계를 유지하실래요, 아니면 사람을 매번 바꾸실래요? 그건 당신의 선택입니다. 당신이 사람이 되느냐, 개가 되느냐의 문제이기도 합니다.

뻔한 소개팅이 지겹습니다.
운명적 상대가 나타나긴 하는 걸까요?

Q

>>> '사는 게 심심해요. 벼락을 맞고 싶은데 어떻게 하면 될까요?'라는 질문처럼 들립니다. 저는 그 뻔한 소개팅을 딱 한 번 해 봤어요. 그리고 그 소개팅녀랑 지금도 살고 있고요. 그래서 가끔 후회가 되기도 합니다. '나도 좀 많은 여자랑 소개팅을 해볼 걸' 하고요. 물론 이런 내 마음을 마누라는 모르죠. 어쩌면 마누라도 같은 생각을 할지 모르겠네요.

남녀 관계는 참으로 미묘해요. 만남도 그렇고 헤어짐도 그렇고. 도저히 어울릴 것 같지 않은 사람들이 운명적으로 만나고 사랑을 합니다. 지금 이 순간에도. 그런데 진짜로 운명적 만남은 그리 많지 않아요. 어차피 만난 거니까 운명적이었다고 포장하고 사는 거죠. 이런 말을 들으면 너무나 맥 빠지시죠? 첫 키스를 생각해 보세요. 님이 첫 키스를 해봤다는 가정하에서 말씀드리는 겁니다. 첫 키스를 하면 종소리가 들린다고 하죠. 그런데 종소리를 들으셨나요? 아니죠? 거봐요.

진짜 남녀 간의 사랑은 영화나 소설책이 아니에요. 자기만의 소중한 개인적 역사죠. 그러니까 너무 영화나 드라마의 운명적 만남을 기대하지는 마세요. 나만의 사랑의 역사를 써 나가시면 되는 겁니다. 그래도 그게 운명적이지 않나요? 나만이 겪은 특별한 이야기니까.

왜 뻔한 소개팅이라고 생각하세요. 소개팅을 통해 운명적 상대를 만날 수도 있고, 소개팅 자리에 나갔다가 그 카페의 알바생과 운명적 만남이 이뤄질 수도 있고, 소개팅 나가다가 구두 굽이 부러져서 넘어졌는데 운명적 남자가 나타나 업어줄 수도 있잖아요.

뻔한 소개팅은 누가 만들었죠? 바로 당신입니다. 운명적 만남은 백화점 명품 가방집 앞에서 재벌 2세와 부닥치면서 이뤄지는 것이 아니라 소개팅을 통해서도 나타날 수 있다는 겁니다. 뻔한 소개팅도 펀(fun)한 소개팅으로 만드는 기술이 필요하시네요.

첫 키스 얘기를 다시 하자면, 저의 첫 키스는 정말 우울했어요. 그날 저녁에 된장찌개를 먹었기 때문에 계속해서 '입에서 냄새나지 않을까? 손을 어떻게 해야 하지? 내가 첨이라는 걸 들키지 말아야 하는데. 이다음엔 뭘 해야 하나?' 하는 고민뿐이었죠. 종소리는커녕 아무 소리도 안 들리더군요. 그러나 그 후로 친구들에게 묻기도 하고, 책도 읽어보고, 하이텔도 뒤져보고 하면서 차츰차츰 종소리가 울리는 명품 키스로 발전시켜 나갔던 겁니다.

이제 아시겠죠? 나이가 중요한 게 아닙니다. 운명적 만남은 산부인과에서 시작될 수도 있고 양로원이나 보람상조 가입을 하면서도 이뤄질 수 있어요. 당신의 노력이 필요하다는 것이죠. 운도 따르는 사람이 따로 있는데 그 사람은 바로 땀 흘리는 사람입니다.

더 구체적으로 말씀드리면 이제부터 눈을 크게 뜨고 주변부터 관찰하세요. 운명은 당신 옆에 이미 와 있을 수 있어요. 그리고 만나는 소개팅 남자마다 '나의 운명일 것이야'라는 자세와 맘으로 대해 보세요.

그러면 그 남자는 당신에게 운명처럼 다가올 것입니다. 대부분 뻔한 소개팅을 하는 여자들을 보면, 남자를 만나자마자 그녀 얼굴에 이미 뻔한 글자가 쓰여 있어요.

'에휴, 오늘도 별로구나.'

남자는 그걸 읽고 그 여자를 뻔하게 대하다가 가 버리죠. 당신 얼굴에 '뻔'자 대신에 'fun'자를 새기시라니까요.

> **Q** 미혼이랬더니 이상한 사람 만나보라 하고, 애인 있댔더니 연애 얘기까지 물어봅니다

>>> 그 직장 참 이상하네요. 미혼에게 이상한 사람을 소개시켜 주지를 않나, 솔로에게 연애 얘기를 해보라고 난리 치지를 않나. 일단 그 직장부터 때려치우세요. 그럴 수가 없다면 연애 얘기를 거짓말로 꾸며내세요. 안 그러면 당신은 이상한 사람과 사귀어야 합니다. 이도 저도 못 하겠다고요? 그럼 솔직히 말하세요. 애인 없는데 거짓말을 했다고. 그리고 자기는 소개받고 싶지는 않다고. '정직이 최선의 방책'이라는 말 했잖아요.

왜 거짓말을 하면 안 될까요? 그 거짓말이 또 다른 거짓말을 만들기 때문입니다. 언젠가는 들통이 나기 마련이고요. 그러니까 앞으로는 절대 거짓말을 하지 마세요. 이상한 사람을 소개한다고 해도 만나보세요. 왜 만나기도 전에 이상할 것이라고 추측하시나요?

이상한 사람을 만나도 좋은 점이 있습니다. '아, 이런 사람은 만나면 안 되는구나'를 확실히 배울 수 있거든요. 만남에 바리케이드를 치지 마세요. 진짜 좋은 사람을 만나는 방법은 많은 이상한 사람을 만나 보는 것입니다. 그래야 좋은지 안 좋은지 알 수도 있거든요.

> 연애를 쉽게 시작하고
> 마음도 금방 식어버립니다
>
> Q

>>> 아주 정상입니다. 게다가 쉽게 시작하는 장점을 가졌군요. 대부분 고민을 갖고 있는 사람들은 쉽게 시작을 못 해서 걱정이거든요. 그런데 이런 말이 있죠? 쉽게 뜨거워지면 쉽게 차가워진다 혹은 냄비근성.

아마도 님은 모든 일처리도 냄비같이 할 것입니다. 쉽게 판단하고, 쉽게 결정하고, 쉽게 포기하고, 쉽게 돌아서고…. 그렇다고 냄비가 나쁘다는 것은 아닙니다. 라면은 냄비가 최고죠. 그러나 평생 라면만 먹고살 수는 없잖아요. 다음과 같은 '뚝배기'의 장점을 배워 보세요.

뚝. 뚝심을 가져 보세요.

뚝심이란 인내를 뜻합니다. 사랑도 인내가 따라줘야 합니다. 사랑은 오래 참는 것이란 노래도 있잖아요.

배. 배려가 있어야 사랑이 꽃핍니다.

사람들은 누구나 이기적이죠. 그래서 받는 걸 좋아합니다. 그러나 받고 싶은 대로, 받고 싶은 만큼 상대방에게 먼저 베풀어야 합니다. 그러니까 배려란 한 단계 발전된 이기심이죠. 내가 받고 싶어서 먼저 하는 것일 뿐입니다. 배려하는 사람들이 진짜로 착한 사람인 줄 아세요? 진짜 현명한 사람일 뿐입니다. 받고 싶은 만큼 먼저 배려해 보세요.

기. 기술이 필요합니다.

사랑도 테크닉이 있어야 하죠. 당신의 애정이 쉽게 식는 것처럼 상대방도 당신에 대해서 쉽게 식는다는 것 모르시나요. 꾸준히 뜨거움을 유지하려면 인내와 배려, 그리고 사랑의 기술이 필요합니다.

사랑은 항상 상대적이란 사실을 잊지 마세요. 바람 같은 당신의 맘, 당신이 먼저 잡지 않는다면 상대방도 바람처럼 사라지고 말 테니까요.

.

모든 사람에게 잘 보이려는 남친, 이젠 여자 많은 모임에 나가겠답니다

Q

>>> 당신은 참 성격 좋은 남자 친구를 두셨군요. 부럽습니다. 그런데 그런 남자가 맘에 안 드셔서 고민이군요. 해결 방법이 두 가지나 있으니 걱정 마세요. 당신이 바뀌든가 당신 남자 친구를 바꾸든가. 어느 쪽이 더 쉬울까요? 당연히 당신이 바뀌는 쪽이 쉽습니다. 그런데 대부분은 상대편을 바꾸려고 노력하다가 지쳐 쓰러지죠. 상대방을 바꾸려 하지 마시고 자신을 바꿔보세요.

일단 남친의 마음을 이해해 보세요. 왜 남친은 지나치게 대중을 의식하고 인기 있는 남자가 되고 싶어 할까요? 그건 댁의 남친만 그런 게 아니라 모든 남자의 마음입니다. "난 보통 사람입니다"라고 말하는 사람일수록 타인을 의식한다는 거죠. 누구나 남의 시선을 의식합니다. 의식하지 않는다고 말하는 뻥쟁이들에게 이렇게 말해 보세요.

"그럼 벌거벗고 종로에서 춤을 춰봐라."

정말로 남의 시선을 의식하지 않는 사람이 있기는 해요. 그러나 그것은 모든 이와 관계가 끊어졌다는 뜻이죠. 남친이 관계가 좋으니까 타인의 시선을 의식하는 겁니다. 당연한 일이죠. 그것이 좀 과하다면 문제가 있지만. 특히 여자들의 시선을 의식한다면 남친으로서 좀 문제

가 있죠. 여자들이 다수인 모임을 만들어서 활동하겠다고 할 정도면.

제가 여자라도 이런 경우 참기 힘들 겁니다. 이럴 땐 확실히 상대방에게 나의 의사를 전달해야 합니다. 남의 시선을 의식하고 남들에게 잘 보이려는 사람이 '나를 위한 시선'과 '나에게 잘 보이려는 태도'를 보이지 않는다면 그건 더 큰 문제거든요.

남자들은 이런 농담을 하죠.

"잡은 물고기에겐 먹이를 주지 않는다."

농담이 아니라 거의 사실입니다. 이래서 남자들이 물고기보다 아이큐가 낮다는 거예요. 망망대해에 떠다니는 수많은 물고기보다 내 어항에 있는 물고기에게 더 잘해줘야 하는데 말이죠. 이렇게 한번 말해 보세요.

"난 당신이 나 말고 다른 여자들에게 잘해주는 게 싫어. 그 모임 하지 마라."

그래도 남친이 모임을 만들겠다고 하면 이미 남친은 당신을 잡은 물고기라고 생각하는 겁니다. 이미 당신의 시선보다는 다른 여자의 시선이 신경 쓰이는 거죠.

그럼 이제 결단을 내릴 차례입니다. 남친이 잡았다고 생각하는 당신이 다시 바다로 헤엄쳐 나가는 거죠. 그러면 남친은 아차 싶어서 당신을 쫓아오든지 그냥 포기하든지 할 겁니다.

그렇게까지 위험한 수를 두기는 싫은가요? 그냥 가볍게 농담처럼 말해서 남친이 나에게 더 신경만 써주면 되나요? 그럼 이렇게 말해 보세요.

"남자들은 잡은 물고기에겐 먹이를 안 준다는데…. 사실이야? 그렇다면 난 영원히 인어공주 할 거야. 도망치면 못 잡을 걸. (달아나며) 나 잡아 봐라~"

거래처 직원에게 호감이 있습니다.
고백해도 괜찮을까요?

 >>> 거래처 직원이니까 툭 터놓고 거래를 하세요.

"나랑 사귈래, 안 사귈래?"

만약 사귀게 되면 훨씬 가까워지니까 거래하기도 수월할 것입니다. 만약 둘 사이가 틀어지면 다시 옛날로 돌아가 사업상 거래만 하면 됩니다. 이미 끝난 사이인데 뭐가 불편해요. 그렇게 철판 깔 자신 없으면 시작도 하지 마세요. 무척 소심한 분 같은데 의외로 이런 문제는 간단하게 해결됩니다. 내일 고백해 보세요. 사귀자고. 그러면 아마 상대방은 당황하면서 당신이 오해했을 것이라고 말할지도 모릅니다. 그러면 당신의 얼굴은 붉어지겠죠.

'나 혼자 괜히 김칫국부터 마셨네.'

그렇다고 그 거래처에 안 가실 건 아니죠? 저도 나이를 먹고 나서 뒤돌아보니까 조금 더 용기 내지 못했던 것이 후회되더군요.

'눈 오는 그날, 그녀를 그렇게 보내는 게 아니었는데….'

'버스 정류장에서 그녀를 그냥 버스에 태워 보내는 게 아니었는데….' '비 오는 날 그녀를 차에서 내려주는 게 아니었는데….'

나중에 저처럼 후회하지 마시고 일단 거래처 직원에게 고백하세요. 그러면 의외로 쉽게 일이 풀릴지도 모릅니다. 아, 그렇다고 바로 "사랑합니다. 결혼합시다" 이런 고백을 하라는 게 아닙니다. 차 한잔, 식사 한 번, 영화관람 등으로 가볍게 시작하세요. 여자들은 처음부터 거북한 만남보다는 가벼운 만남을 통해 점점 진지해지는 것을 좋아하니까요. 가볍게 만나다가 상대방의 마음이 내 생각과 다르다는 것을 알면 살며시 멀어지세요. 그러면 거래처 직원과의 껄끄러움 때문에 업무를 방해받지는 않을 테니까요.

다음번 만남에 가볍게 말 걸어 보세요.

"커피 한잔 하실래요?"

"좋아요"라고 하면 일단은 성공. 만약 "아뇨, 저 커피 싫어해요"라고 하면 "허허허, 잘됐네요. 저도 싫어하는데. 그러면 가까운 주유소에 가서 경유라도 한잔 하시죠" 하면서 살며시 접근해 보세요.

참고로 첫 데이트에서 여자가 당신을 좋아한다면 당신이 주문하는 음식과 같은 것을 먹을 겁니다. 왜냐하면 그날 밤에 무슨 일이 있을지도 모르는데 가급적 입 냄새를 통일해야 하니까요. 당신에게 관심이 없다면 그 식당에서 가장 비싼 메뉴를 선택할 것입니다. '맘에 안 드는 놈과 식사를 하니까 비싼 거나 먹어서 바가지나 씌워야지' 하는 마음으로요.

 거래처 직원이라 데이트 못할 이유는 하나도 없습니다. 오히려 거래처 직원과도 시작 못 한다면 다른 여자는 어떻게 만나실래요? 오늘 용기 내 보세요.

연애하고 싶은 사람,
결혼하고 싶은 사람은 따로 있는 걸까요?

Q

   >>> 연애하고 싶은 사람은 '밥을 사주고 싶다.'
결혼하고 싶은 사람은 '밥을 해주고 싶다.'

연애하고 싶은 사람은 '같이 자고 싶다.'
결혼하고 싶은 사람은 '같이 깨고 싶다.'

연애는 좋아하는 걸 같이하는 것.
결혼은 싫어하는 걸 같이하지 않는 것.

연애하고 싶은 사람은 '첨에는 장점이 보이고 시간이 흐를수록 단점만 눈에 띈다.'

결혼하고 싶은 사람은 '첨에는 단점이 보이고 시간이 흐를수록 장점만 눈에 띈다.'

연애하고 싶은 사람은 '그 사람만 보인다.'
결혼하고 싶은 사람은 '그 사람의 가족이 보인다.'

따로국밥은 있어도 연애 따로 결혼 따로는 없습니다. 그런데 어쩔 수 없이 그렇게 되는 이유는 연애를 통해 점점 자신에게 맞는 짝을 찾기 때문이죠. 그러니 이별에 너무 슬퍼하지 마세요. 결혼해서 이혼하는 것보다는 낫잖아요?

호감이 갔던 상대가 정작 다가오면 뒷걸음질 치게 됩니다

Q

>>> 저와 똑같은 병을 앓고 계시네요. 고치는 방법은… 다시 태어나세요. 이런 고질병은 고칠 수가 없습니다. 일종의 왕자병, 공주병이죠. 자신은 모든 사람을 똑같이 사랑해야 하니까 특정인의 호감을 받으면 일부러 그로부터 멀어져야 한다고 생각합니다. 좀 더 솔직히 말하자면 지가 먼저 건드려 놓고 상대방이 반응을 하면 "난 그냥 일종의 친절이었어" 하면서 멀어지는 나쁜 남자(여자) 병이죠. 저도 나쁜 놈 중의 한 명이었고요. 그나마 다행스러운 것은 저에게 호감을 보인 여자가 그리 많지 않았다는 점. 이 고질병을 앓고 있는 사람들의 속을 들여다볼까요? 다음 둘 중에 하나입니다.

첫째, 자신감이 없습니다.

사랑이란 주고받는 것입니다. 그런데 내 사랑에 상대방이 반응을 보이며 다가오면 좋아해야 할 텐데 오히려 두렵습니다. 그래서 미리 자신이 멀어지는 겁니다. 아직도 사랑을 할 준비가 안 된 거죠.

둘째, 바람둥이란 얘기죠.

내가 호감을 느껴 접근하고 그 짜릿함을 즐기다가 상대도 나를 좋아한다는 걸 느끼는 순간부터 짜릿함이 사라지니까 멀어지고 싶은 겁니다. 고무줄 같은 사랑을 하고 싶은 거죠. 상대가 멀어지면 내가 다가가고, 상대가 다가오면 나는 멀어지고. 고무줄의 팽팽함을 항상 유지해야 한다고 생각하는 거죠. 사랑은 짜릿한 긴장감이 있어야 하지만 어느 순간부터는 짜릿함을 대신할 푸근함이 있어야 합니다. 그러나 계속해서 짜릿함만을 즐기고 싶으니까 멀어지는 겁니다.

둘 다 아니라고요? 그렇다면 세 번째 유형이군요. 자신감 없는 바람둥이. 잡은 고기에 먹이 안 주는 스타일들은 언젠가 후회합니다. 모든 고기 다 떠나고 난 뒤에.

> 부잣집 사모님이 된 친구,
> 패배감 들지 않고 만날 수 있을까요?
>
> Q

 >>> 이미 당신은 패배감에 젖어 있네요. 패배감을 느끼지 않으려면 그 친구는 만나지 마세요. 모든 게 수준이 안 맞을 겁니다. 물론 친구의 배경 같은 건 신경 쓰지 않고 부담 없이 만날 자신이 있다면 그렇게 하세요. 그러나 당신의 질문을 관찰해 보면 당신 맘속에는 이미 그녀가 아닌 그녀의 배경이 너무도 크게 자리 잡고 있습니다.

어느 때부터인가 친구도 끼리끼리 만나는 시대가 되었더군요. 예전에는 가난한 집 아이와 부잣집 아이가 함께 만나서 친구가 될 수 있는 공간이 있었습니다. 그러나 이제는 만남 자체가 봉쇄된 나라입니다. 사는 동네가 다르고, 다니는 학교가 다르고, 타고 다니는 교통수단이 다르고, 놀러 가는 장소가 다르고, 여행 가는 지역이 달라져 버렸습니다. 지하철도 1호선부터 9호선까지 승객들의 분위기가 다른 거 아시죠? 부잣집 딸과 가난한 집 총각이 만나는 건 드라마 속 이야기일 뿐입니다.

그 부잣집 친구를 어디서 만나셨나요? 아마 교실이겠죠. 그러나 세월이 더 흘러보세요. 동창도 끼리끼리 어울리게 되더군요. 패배감 안 들고 친구와 만나는 방법은 딱 하나뿐입니다. 당신이 그 친구보다 더 부자가 되거나, 마음이 부자가 되거나. 어느 쪽이 쉬울까요? 전자보다는 후자가 쉽겠죠. 맘만 먹으면 되니까. 그런데 그 맘먹기가 그리 쉬운 건 아니더라고요.

그래서 저의 솔직한 조언은 친구를 만나 부담스럽다면 만나지 마세요. 다른 편한 친구를 만나는 게 좋습니다. 만약에 그 친구가 당신에게 부담 없이 다가온다면 패배감이니 뭐니 그런 생각하지 마시고 만나세요. 친구는 그냥 만나기만 해도 좋잖아요. 내가 그 친구에게 우정을 줄 수 있다면 그게 바로 마음이 부자가 되는 거죠.

> 평소에 연락 없던 친구에게서
> 경조사 연락이 왔을 때 가야 하나요?
>
> Q

 >>> 친구에게 경조사 소식을 들으면 우리는 두 가지 생각을 합니다.

'가야 하나, 말아야 하나.'

다음 경우 중 하나라도 해당되면 가는 쪽으로 결정을 합니다.

1. 그 친구가 내 경조사에 왔었다
2. 그 친구가 내 경조사에 올 확률이 높다

그런데 평소 연락 없던 친구는 내 경조사에 올 확률이 높지 않기 때문에 가야 하나 말아야 하나 꺼려지게 됩니다. 이때는 아래 내용 중의 하나라도 해당된다면 가는 것이 좋습니다.

1. 평소 연락은 없었지만 예전에 쌓인 추억이 많은 친구
2. 이번 만남을 계기로 다시 연락을 자주 하고 지낼 수 있는 친구
3. 상황이 어려워서 경조사에 참여할 사람들이 많지 않은 친구
4. 참석하지 않았을 때 두고두고 후회가 남을 친구
5. 경사가 아닌 조사인 경우

최근에 누구의 장례식에 참석한 적이 있습니다. 그동안 연락이 없었던 사이였기에 그 사람도 내가 참석하리라고는 예상치 못했나 봅니다. 두고두고 감사를 표하더군요. 그리고 그 자리에서 만난 다른 분들과 교분을 쌓게 되었습니다. 경조사에 참석함으로써 당장 금전적 손해는 있지만 돈으로는 살 수 없는 더 큰 것을 얻을 수 있다는 것을 명심하세요. 가급적 연락이 온 곳에는 참석하라고 말씀드리고 싶네요.

저도 예전에 함께 일했던 개그맨들에게 연락이 오는 경우가 많습니다. 전화로 결혼을 알리는 친구는 갑니다. 문자만 보낸 경우는 저도 봉투만 보냅니다. 신문에서 결혼 사실을 알게 되는 개그맨에게는 '이놈의 자식, 내가 데뷔시켜주고 밥 사주고 그랬는데…' 하면서 신문을 집어 던집니다.

돈도 많으면서 빈대 붙는 친구,
어떻게 퇴치할까요?

　>>> 빈대를 붙는 친구들 중에는 진짜 빈곤해서 그런 친구도 있지만 대부분 능력이 있음에도 습관적으로 얻어먹는 친구들이 많습니다. 특히 친구에게는 빈대 짓을 하면서 자기 애인에게는 펑펑 돈을 쓰는 모습을 본다면 배신감에 치를 떨 것입니다. 이런 바퀴벌레 같은 얌체 친구를 퇴치하는 방법을 소개해 드리죠.

첫째, 솔직히 말한다.

대부분 빈대에게 뜯기는 사람들은 착하고 여려서 솔직히 속에 있는 말을 못 합니다. "넌 왜 만날 얻어먹냐? 오늘은 좀 네가 사"라는 말을 하고 싶지만 못 하는 거죠. 과연 착해서 이런 말을 못 할까요? 아닙니다. 바보 같아서 못 하는 거죠. 제 말은 당신이 바보라는 것입니다. 친구가 당신을 바보로 안다는 것이죠. 더 이상 바보같이 당하지만 말고 솔직히 말하세요.

"내가 네 부모냐? 밥을 사주게."

"내가 네 애인이냐? 영화를 보여 주게."

"내가 네 봉이냐? 커피 값을 왜 나만 내냐?"

둘째, 더치페이를 선언한다.

요즘은 친구 사이에 대부분 더치페이를 합니다. 그런데 왜 아직도 봉으로 사십니까? 이제 확실히 선언을 하세요.

"밥값이 2만 1천 원 나왔으니까 셋이서 각각 7천 원씩 내면 되겠네. 7천 원 줘."

"영화가 9천 원이네. 내 카드로 긁을까, 네 카드로 긁을까? 내 카드로 긁지 뭐. 그럼 나한테 9천 원 현찰로 줘. 카드는 내 걸 쓸 테니까."

"커피 마시자고? 지난번에 내가 냈으니까 이번엔 네가 내는 거다. 알았지?"

셋째, 말꼬리를 잡는다.

상대방이 사 달라는 말을 하면 바로바로 말꼬리를 잡아서 더 이상 요구를 못 하게 해야 합니다.

친구: 오늘 맛있는 거 사줄 거지?

당신: 그럼 맛있는 거 사줄 거지. 네가 돈만 내.

친구: 영화 보여줄래?

당신: 영화 보여줄게. 넌 팝콘하고 음료수 쏴라. 그게 더 비싸더라고.

친구: 나 돈 없어. 네가 밥 좀 사줘.

당신: 나도 돈 없어. 우리 같이 다이어트나 하자.

당신을 봉으로 아는 친구랑은 만나지 마세요. 그는 당신을 영원히 봉으로만 봅니다. 두고 보세요. 언젠가 당신 뒤통수를 제대로 칠 테니까. 진짜 친구는 사 달라고 안 합니다. 사 준다고 말하지. 당신은 그에게 친구지만 그에게 당신은 봉입니다.

학창시절 친구와 직장생활 친구, 어떻게 다를까요?

Q

>>> 사람마다, 상황마다 다를 수는 있지만 보편적인 관점에서 보자면 어린 시절에 만난 친구가 훨씬 오래갑니다. 그리고 어린 시절에 만난 관계가 더 순수할 수 있고요. 아무래도 20대를 접어들어서 만나는 관계는 수지 타산을 따지기 때문에 그리 깊은 관계로 발전하기가 어렵습니다. 당장은 같은 업무를 하고 함께 보내는 시간이 많기 때문에 학창 시절 친구보다 말도 더 잘 통하는 것 같지만, 이해관계에 얽히다 보면 순식간에 단절이 되기도 합니다. 또 직장을 떠나게 되면 연락이 끊어지는 경우도 많고요.

그러나 이런 선입견을 갖고 상대를 대하지 말고, 언제 어디서 만났더라도 상대를 향한 순수한 마음만 전해진다면 오래갈 친구로 사귈 수 있지 않을까요.

친구가 돈을 갚지 않습니다.
해결할 방법 없을까요?

Q

 >>> '떼인 돈 받아 줍니다'를 찾아가세요. 그렇게까지 하기는 싫다고요? 그렇다면 정으로 호소해 보세요. 친구니까.

"친구야. 지난번에 빌려간 돈 좀 갚아라. 나 이번에 어머니 병원비 내야 해."

그래도 주지 않는다면 둘 중에 하나를 포기하세요. 친구 혹은 돈. 그리고 친구 입장에서 한번 생각해 보세요.

1. 돈이 진짜로 없어서 못 갚는다
2. 돈이 있지만 일부러 안 갚는다

1번의 경우는 어쩌겠어요. 돈이 없어서 못 갚는 건데. 이럴 때는 일단 친구니까 어려운 사정을 생각해서 그대로 기다리세요. 친구 사정도 딱하지만 나도 급하니까 꼭 돈을 받아야겠다고 생각한다면 2번의 경우라고 생각하고 받아내야 합니다.

2번의 경우처럼 돈이 있어도 일부러 안 갚고 있다면 정말 얄미울 것입니다. 이럴 때 합법적으로 돈을 받는 방법은 검색창에 '떼인 돈 받는 법'을 치면 정확히 나와 있습니다. 그러나 그렇게까지 해서 받기는 좀 껄끄러우시죠? 그렇다면 제 친구가 사용한 방법을 알려 드리죠.

일단은 친구니까 좋게 좋게 말씀하세요.

"친구야, 아직도 힘들지? 나도 웬만하면 이야기하지 않으려고 했는데 나도 힘들어서…. 지난번에 꿔 간 돈 말이야. 갚으면 안 되겠니? 아직 힘들다고? 그러면 언제쯤 갚을 수 있는지 말해 봐. 네가 갚을 수 있을 때까지는 기다릴게. 그때까지는 나도 다른 데서 빌리든지 해야지. 언제 갚을 수 있니? 한 달 뒤? 세 달 뒤?"

이렇게 최대한 상대방을 배려하면서 언제까지는 갚겠다는 말을 이끌어 내세요.

"아, 6개월 뒤면 갚을 수 있겠구나. 그러면 일단 그 내용을 써 줘. 그래야 나도 6개월 뒤에 돈을 갚겠다고 하고 빌릴 수 있을 테니까. 그리고 그 내용을 공증 좀 해줘."

일단 차용증을 공증 받는 것이 중요합니다. 공증 받은 걸 각 은행에 제출하면 그 친구 계좌에 들어온 돈은 모두 동결이 됩니다. 직장에서 받는 월급에 손을 댈 수가 없고 어떤 금융 활동도 할 수가 없는 거죠. 그러면 그 친구가 당신을 찾아와서 사정을 할 겁니다.

"내가 돈 갚을 테니까 좀 풀어줘. 나 회사에서 쪽팔려 죽겠다."

대부분 돈을 빌려주고 나면 갑이 을로, 을이 갑으로 되는데 이렇게 해 놓으면 다시 당신이 갑이 되는 것입니다. 물론 이렇게 하고 나면 친구는 잃게 되겠죠. 그러니까 잘 생각해 보세요. 친구와 돈, 둘 중에 무엇을 얻을 것인지. 둘 다 얻을 수 있는 방법은 거의 없습니다. 그래서 친구와는 돈거래 하는 게 아니라고 하나 봅니다.

돈 떼먹는 친구들에게는 빌려 주지 마세요. 누가 떼먹을 친구인지 어떻게 아냐고요? 모르겠으면 빌려 주지 말라니까요.

결혼한 친구들의 대화에 공감하기 어렵습니다

Q

>>> 초등학교 때는 친구들과 어떤 이야기를 나눴는지 떠올려 보세요. 공부 얘기, 노는 얘기, 연예인 얘기를 주로 하다가 중딩, 고딩이 되면서 점차 대화 소재가 바뀌어갔죠. 그러다가 대학에 들어가서는 취업, 정치, 연애, 패션, 드라마가 대화 소재가 됐을 것입니다. 이렇게 대화 소재가 바뀌었지만 초딩 때부터 친구였던 사람들은 왜 여전히 친구로 남았을까요? 한마디로 대화가 통했기 때문입니다.

결혼한 친구들의 대화 소재가 확 바뀌니까 그들과 그만 만나야 하는지 고민에 빠진 것입니다. 소통이란 내가 필요할 때만 하는 게 아닙니다. 어차피 나도 곧 결혼을 할 테고 그렇다면 미리 그들과 육아, 재테크, 시댁, 남편에 대한 이야기를 나누는 것이 무척이나 도움이 될 것이란 생각이 안 드시나요? 대화란 당장에 내가 즐거운 이야기만 하는 것이 아니라 앞으로 내게 필요한 이야기를 듣는 것도 대화입니다.

그러니까 당장 대화에 낄 수 없고 나에게는 상관없는 이야기라고 지루해할 수는 있어도 대화의 폭을 넓힌다는 차원에서 적극적으로 들어주고 질문하고 고민해 본다면, 오히려 결혼 안 한 친구들과 나누는 취업, 연애, 패션, 드라마 이야기보다 가치 있는 소재가 될 수 있습니다.

우리는 왜 대화를 할까요? 내 이야기를 하는 것도 좋지만 상대방의 이야기를 들으며 새로운 정보를 얻기 위해서 대화가 필요한 겁니다. 그러니까 당장의 불통을 고통스러운 차이로만 보지 마시고 그 차이를 극복하는 대화의 기술을 익혀 나가면 얻어지는 정보가 엄청날 것입니다.

"그래서 네 남편은 결혼 후 어떻게 다른데?"

"응석 부리는 애들은 어떻게 달래야 하는 거야?"

"재테크를 처녀 때부터 못 한 게 후회된다고? 그럼 나한테 조언 좀 해줘 봐."

대화에 끼지 못한다면 당신이 결혼을 안 해서 그런 것이 아니라 당신이 세상을 보는 폭이 너무 좁다는 걸 명심하시기 바랍니다. 결혼한 친구들과 점점 멀어진다면 언젠가 당신은 외톨이로 남을 것입니다. 현실적으로 생각해 보세요. 당신 결혼식 때 아기를 데리고 온 친구들이 축복해주는 결혼을 하고 싶으세요? 아니면 혼자 쓸쓸히 사진 찍고 싶으세요?

"당신은 친구 없어?" 하는 소리를 남편에게 듣고 싶지 않다면 자기랑 상관없어 보이는 대화에도 적극적으로 참여하세요. 친구 없는 사람들의 특징은 자기 위주라는 겁니다.

매사 저와 자꾸 비교하면서 경쟁하려는 친구, 어떻게 하면 좋을까요?

Q

>>> 별로 나쁜 친구가 아닌데 왜 고민이시죠? 주변을 자세히 관찰해 보세요. 당신을 경쟁 상대로 놓고 비교하는 친구들이 있습니다. 없다고요? 그럼 그게 문제네요. 당신이 얼마나 찌질하면 당신을 경쟁 상대로 생각하지 않을까요. 그러니까 이제부턴 친구가 당신을 경쟁 상대로 생각한다면 자랑스럽게 여기세요. 쫓기는 기분이라서 화가 나시나요? 그러면 이렇게 생각하세요.

'난 너와는 경쟁 상대가 아니야. 나의 경쟁 상대는 나 자신뿐이야.'

어때요 멋진 말 아닌가요?

누군가 당신과 비교하고, 경쟁하려 든다면 당신이 부러워서 그런 것입니다. 이런 유명한 말이 있죠?

"부러우면 지는 거다."

이미 그 친구는 당신에게 졌습니다. 진 상대에게는 관대한 아량과 배려가 필요합니다. 친구는 아마 당신에게 이런 질문을 할 겁니다.

"너 연봉이 얼마니?"

"너 여자(남자)친구랑 어디로 데이트 갔어?"

"생일 선물로 뭘 받은 거야?"

꼬치꼬치 묻는 질문이 싫을 수도 있겠죠. 그러나 그 친구의 본심을 읽어 보세요. 당신이 부러워서 그러는 거라니까요. 그러니까 아량을 베풀어 이렇게 대답해 주세요.

"내 연봉? 얼마 못 받아. 네 생각보다 한 천만 원 적을 걸."

"우리 데이트 코스는 뻔해. 밥 먹고 영화 보고 차 마시고. 네가 좋은 데 추천 좀 해줘."

"생일 선물을 엄청 기대했거든. 그런데 기대가 크면 실망도 크다고, 열어 보니까 별거 없더라고. 난 예전에 네가 나한테 해준 그 생일 선물이 더 기억에 남아."

> 친구와도 가끔 연인처럼 권태기가 생깁니다.
> 어떻게 극복할 수 있나요?
>
> Q

>>> 「친구」라는 영화에 나오는 광고 카피가 생각나네요.

"친구 = 오래 두고 가깝게 사귀는 벗"

정말 친구라면 가깝게 사귀어야 합니다. 연인은 헤어지면 멀리 떨어질수록 좋지만 친구는 거리를 두면 친구 관계가 단절됩니다. 물론 가깝다는 뜻이 물리적인 거리감만을 말하는 것은 아닙니다. 요즘은 SNS가 발달되어서 미국으로 이민 간 친구와도 가깝게 메일도 하고 카톡도 하고 페이스북도 할 수 있죠. 오히려 같은 도시에 사는 친구보다 더 가깝게 느껴질 수 있습니다.

그러니까 친구가 실망스럽거나 실수를 하더라도 관계를 완전히 끊어버리거나 거리를 두면 안 됩니다. 간혹 완전히 단절해야 할 친구도 있죠. 다음 중 하나에 해당되는 친구라면 완전히 인연을 끊으세요.

첫째, 성전환 수술을 했다.

이럴 때는 친구 관계를 단절하세요. 그리고 이성 친구가 되세요.

둘째, 내 뒷담화를 한다.

이럴 때는 친구 관계를 단절하세요. 그리고 절친이 되세요. 그래야 당신을 더 이상 씹지 못합니다.

셋째, 돈을 꿔 간 뒤 안 갚는다.

이럴 때는 친구 관계를 단절하세요. 채무 관계로 돌입하여 더 가까이 지내면서 받아 내세요.

넷째, 내 남친(여친)을 뺏어 갔다.

이럴 때는 친구 관계를 단절하세요. 그리고 불륜이 되는 겁니다. 그 친구의 남친(여친)을 다시 뺏어 오세요.

다섯째, 그냥 싫다.

이럴 때는 친구 관계를 단절하세요. 그 사람도 이미 당신이 싫어졌을 겁니다. 이유 없이 싫은 것, 이게 가장 문제예요. 이럴 경우 자연스럽게 멀어지더라고요.

친구는 오래 두고 가깝게 사귀는 것이 좋으니까 쪼잔한 일로 멀어지는 우를 범하지 마세요. 친구를 보면 그 사람이 보인다고 하잖아요. 인생에서 성공한 사람들을 보면 친구가 참 많더라고요.

취업 못한 친구에게 먼저 연락해도 괜찮을까요?

Q

>>> 해답을 찾는 방법 중에 '거꾸로 생각'하는 방법이 있습니다. 이 질문에 대해서도 입장을 바꿔서 거꾸로 생각해 보세요. 당신이 취업을 못 하고 있는데 직장에 들어간 친구가 연락을 해오는 게 좋을까요, 좋지 않을까요? 정답이 나오죠?

취직이 안 된 친구들이 연락을 못 하는 것은 미안하고 부끄럽고 창피하고… 뭐 이런저런 복잡한 이유 때문일 것입니다. 연락하면 밥 사 달라, 술 사 달라는 줄 알고 상대방이 부담스러워할 수도 있으니까요. 이럴 때 취직한 친구가 먼저 연락을 해서 "야, 상철아. 나 월급 탔다. 내가 한턱 쏠게. 나와라!" 하면 친구가 자랑질 한다고 느끼면서 상처 입을까요? 제 생각엔 오히려 더 고마워할 것 같습니다.

만나서 직장 얘기도 해주고 취업 정보도 주면 구직에 도움이 될 텐데, 그러면 더 좋은 친구로 기억되지 않을까요? 오늘 당장 친구들에게 연락하세요. 그런데 연락처에 전화번호는 있지만 1년 동안 연락을 안 했다면… 이미 친구가 아닙니다.

> 영원한 친구란 없고,
> 친구란 정녕 결혼하기 전까지만인가요?
>
> Q

>>> 아뇨. 자신의 안경으로만 세상을 보지 마세요. 진정한 친구란 어떤 경우라도 멀어지지 않는 관계를 말합니다. 결혼했다고 멀어진다면 진정한 친구가 아니겠죠. 결혼하고 멀어지는 친구가 있다면 왜 그럴까요? 중간에 새로운 사람이 끼어들기 때문입니다. 아내 혹은 남편이 있다고 친구 관계가 멀어질 필요는 없습니다. 그러나 현실적으로 그런 경우가 많기 때문에 이런 고민을 하셨겠죠.

아내(남편)의 출현으로 친구 관계가 소원해지는 경우는 일단 만나는 시간이 줄어들기 때문입니다. 아내(남편)가 친구를 만나고 늦게 귀가하는 걸 좋아할 배우자는 없습니다. 상대가 이성 친구일 경우는 더더욱 그렇죠. 이런 문제가 결혼 초 사소한 싸움이 되는 경우가 많죠.

"여보. 나 오늘은 대학교 친구랑 술 한잔 하고 들어갈게."

"안 돼, 일찍 들어와. 대학교 동창 중에 여자들도 있을 거 아니냐고. 안 돼."

특히 우리나라는 부부 동반 모임이 활성화되어 있지 않기 때문에 아내의 모임에 남편이, 남편의 모임에 아내가 참석하는 걸 무척이나 이상하게 보더군요. 그렇기 때문에 결혼 후 친구 관계가 점점 멀어지기 마련입니다. 가장 좋은 방법은 결혼 후에는 모든 친구 관계에 배우자도 포함시키는 것입니다.

"자기야, 어디 갔다 왔어?"

"친구 만났어."

"친구 누구?"

"자기는 모르는 친구야."

이 대화에 뭔가 숨기는 게 있다는 걸 눈치채셨겠죠? 결혼 초에는 배우자가 자신보다 친구를 더 챙기는 걸 좋아하지 않습니다. 그렇다고 친구 관계를 단절할 것이 아니라 그 아름다운 친구 관계 속에 사랑하는 배우자도 포함시키라는 것입니다. 그런데 왜 이렇게 안 하는 걸까요? 두 가지 이유가 있겠죠.

첫째, 내 친구는 나의 모든 것을 알고 있다.

뭔가 켕기는 게 있으니까 친구들과의 만남을 꺼리게 되겠죠.

둘째, 내 배우자는 나만 바라보길 원한다.

이게 심각해지면 의처증이나 의부증이 됩니다.

두 가지 이유 모두 건강한 관계는 아닙니다. 이제는 우리 사회도 부부 동반 모임이 자연스러워야 하고 배우자의 친구 관계도 존중해줘야 합니다. 건강한 결혼 생활을 하는 부부들은 각자의 친구와도 친근한 관계가 유지된다는 사실을 명심하세요.

"여보. 내 친구 민수 알지? 상담할 게 있다고 오늘 술 한잔 하자는데 늦게 와도 되지?"

"아, 민수씨? 그럼 우리 집으로 데려와요. 제가 저녁 준비할게요."

"그래? 고마워~"

이런 자연스러운 대화가 건강한 부부 생활의 시작입니다.

> 만날 때마다 자기 집 근처에서만 보자는 친구, 얄미운데 어떻게 할까요?
>
> **Q**

>>> 얄미운데 왜 만나세요? 만나면 좋은 일이 있나요? 그러면 한번 저울로 재 봅시다. 내가 그 친구를 만나기 위해 그(그녀)의 집으로 가는 데 걸리는 '시간 + 비용'의 무게와 그(그녀)를 만났을 때 얻어지는 '만족감'의 무게 중에서 어느 쪽이 무거운지.

전자가 무겁다면 만나지 말든지 중간쯤에서 약속 장소를 정하세요. 후자가 무겁다면 만나자고 하는 곳이 어디든지 달려가세요. 친구 관계도 알고 보면 거래입니다. 내게 이득이 돼야 만나는 거죠. 상대방의 이익을 위해서도 만나는 게 친구라고요? 그런 일방적인 관계는 친구가 아니라 종과 상전의 관계죠.

얄밉다는 생각이 든다는 건 그만큼 친구의 무게가 가벼워졌다는 뜻입니다. 진짜 만나서 좋은 친구라면 어디든 달려갈 마음이 있어야죠.

그 친구는 첨부터 자기 집 근처에서만 만난 것 같은데 당신이 그 친구를 대하는 맘이 좀 변한 것 아닐까요? 그리고 진짜 친구라면 이런 말을 자연스럽게 할 수 있어야 합니다.

"오늘은 내가 지친다. 우리 집 앞으로 와라."

"우리 오늘은 서로 시간 절약을 하자. 딱 중간인 대학로에서 보자. 오케이?"

이런 말도 맘대로 못 한다면 친구가 아니죠. 주종 관계죠. 그럴 때는 이렇게라도 말하세요.

"그래. 너희 집 앞으로 갈 테니 밥값은 네가 내. 넌 차비 안 들잖아."

친구는 따지는 거 아니라고요? 그 말을 하는 친구는 이미 친구가 아닙니다.

> 친구와 소득 차이가 점점 벌어져 만나기가 꺼려집니다
>
> Q

 >>> 당신 소득이 높은지 낮은지에 따라서 대처 방법이 달라집니다.

우선 당신이 친구보다 소득이 낮을 경우.

유태인에게는 탈무드가 있고 우리나라엔 좋은 속담과 격언이 많습니다. 이것만 잘 알고 있어도 웬만한 고민은 해결됩니다. '뱁새가 황새 따라가면 가랑이가 찢어진다'는 말이 있죠. 잘사는 친구와 맞추면서 생활하다가 피 보는 건 당신입니다. 예를 들어 친구의 취미가 골프라면 당신도 같이 골프를 쳐야 하는데 그게 가능하냐고요. 그러니까 자연히 만나는 게 어려워지는 것입니다. 해결책은 하나. 서로의 교집합을 찾아보세요. 그것만 함께해도 언제나 즐거울 것입니다. 정말 좋은 친구니까.

그 친구보다 가진 것이 없다고 기죽지 마세요. 비슷한 사람끼리만 친구가 되란 법은 없으니까요. 오히려 다양한 계층의 친구를 사귀는 것이 서로에게 좋습니다.

만약 당신이 친구보다 소득이 높을 경우.

이건 고민이 되지 않습니다. 정말 좋은 친구라서 함께하고 싶다면 먼저 베풀면 됩니다. 다른 친구들 모르게 밥값도 내주고, 뮤지컬에 초대도 하고, 당신 차로 데려다 주고…. 친구란 함께 나눠야 하는데 당신이 많이 갖고 있으니 얼마나 다행입니까? 당신이 나눠주겠다는 맘만 먹으면 되니까요.

보증 서 달라는 친구, 잘 거절하는 법 없을까요?

Q

>>> "보증 좀 서줘라."

"네가 나에게 보증을 부탁하는 걸 보니 그만큼 나를 의지한다는 것 아니냐. 그래 서줄게."

이렇게 말해야 진짜 친구 사이죠.

"친한 사이는 보증 서는 거 아니래."

이렇게 말하면 상대방은 정말 짜증 날 것입니다. 안 서줄 거면 처음부터 이런 어설픈 충고는 하지 맙시다. 보증을 설 수 없을 때는 확실히, 솔직하게 말하는 게 좋습니다.

"미안하다. 난 자격이 안 돼. 얼마 전에 대출 신청을 했다가 거절당했거든."

만약 보증을 설 수 있지만 이런저런 이유로 거절하고 싶을 때는 이렇게 말해 보세요.

"너 내가 왜 날씬해졌는지 아니? 다이어트를 한 게 아니라 빚보증을 섰던 거야. 살이 쫙쫙 빠지더라. 마누라가 더 이상 살 빼면 안 된다고 했어."

"고맙다. 네 눈엔 아직도 내가 능력이 있어 보이는구나. 나 사실 개털이야."

친구 사이에 보증을 거절할 때는 배우자 핑계를 대는 게 가장 좋습니다.

"마누라가 보증서에 도장 찍기 전에 이혼장에 먼저 도장 찍으라고 하더라."

"우리 남편이 돈 관리를 하거든. 보증 얘기는 입도 뻥긋 못 해."

아직 결혼을 안 했다고요? 그럼 이렇게 말해 보세요.

"난 마누라(남편)가 보증 서 달랠까봐 아직까지 결혼 안 하는 거야. 미안하다."

어딜 가나 제가 먼저 돈을 내는 편인데 가끔 속이 상합니다

Q

>>> 대학 동창 중에 학현이와 동철이라는 친구들이 있습니다. 학현이는 광고 감독을 하다가 지금은 홍대에서 카페 사장을 하고, 동철이는 방송국 PD로 있습니다. 나를 포함해서 세 사람이 우리 학과의 물주였어요. 집안이 넉넉한 것은 아니지만 그래도 다른 사람들보다는 정신적으로 물질적으로 여유가 있었고, 또 계산대 앞에서 밍기적거리는 꼴을 보기 싫어 하는 스타일이었죠.

대학을 졸업하고 20여 년이 지난 지금. 지금도 세 명은 여전히 물주입니다. 그 당시 계산을 잘 안 하던 친구들은 거의 모임에 나오지 않습니다. 자신의 처지가 궁색해서 그렇기도 하고, 사고 치고 도망간 친구도 있고….

결론적으로 우리 셋이 가장 잘 모이고 연락도 잘 합니다. 우리는 서로 돌아가면서 계산을 하니까 돈 문제로 신경 쓸 일도 없죠. 제가 왜 이 이야기를 하냐면 지금은 물주가 된 것 같아서 속상하겠지만 앞으로는 당신이 가장 잘될 테니까 염려하지 말라는 뜻입니다. 대학 때 절대로 지갑을 안 열던 친구는 지금도 그래요. 열어봤자 개뿔 아무것도 없으니까. 그러나 당신처럼 지갑을 수시로 여는 사람들은 앞으로도 계속 열 것입니다. 지갑이 빵빵하니까요. 너무 속상해하지 마세요. 쓸 수 있음을 감사하면서 팍팍 쓰세요.

그게 만약 속상하다고 "앞으로 더치페이를 하자", "내가 물주냐? 더 이상 돈 안 내"라고 말하지는 마세요. 그렇게 말하는 순간, 이제까지 쌓아온 좋은 이미지는 한순간 날아갑니다. 그냥 행동을 바꾸세요. 다른 친구들처럼 행동하세요. 신발끈이 긴 신을 신고 다니든지, 지갑에 교통카드만 넣고 다니든지, 가장 먼저 술에 취해 자는 척하든지, 중간에 전화 받는 척하면서 집으로 가든지….

돌이켜 보니까 세 번 이상 얻어먹고도 지갑을 열지 않는 친구나 선배와는 만나지 않는 게 좋습니다. 그 사람은 당신을 이미 봉으로 여기는 겁니다.

> 친구가 사준 로또 2등으로 당첨됐습니다.
> 친구와 나눠 가져야 할까요?
>
> Q

>>> 그냥 당신이 쓰세요. 뭐 어때요. 친구가 당신에게 준 거잖아요. 만약 꽝이 됐더라도 친구는 책임 안 질 테니까 2등에 당첨되더라도 당신이 상금을 받은들 어쩌겠어요. 친구에게 얘기하지 말고 그냥 쓰세요.

그렇게 세월이 흘렀을 경우를 가정해 봅시다. 당신은 그 친구를 볼 때마다 당첨 사실을 말하지 않은 걸 껄끄러워하고 그 친구에게 미안한 감정이 들 것입니다. 그러다가 혹시 그 비밀이 친구 귀에 들어간다면 친구가 당신을 벌레 보듯 할 것입니다. 그 친구가 모르더라도 당신이 당첨금을 당신이 혼자 썼다는 사실을 알게 될 친구, 가족, 동료 들은 당신을 비열하고 쪼잔하고 양심 없는 소인배로 볼 것입니다.

이제 어떻게 해야 할지 답이 나왔죠? 고민이 많은 분들에게 해답 찾는 방법 하나를 알려드릴게요. 이 선택으로 미래가 어떻게 변할 것인지를 상상해 보세요. 그러면 어떤 선택을 해야 할지 정답이 보입니다.

그냥 친구에게 솔직히 말하세요. 빨리 말하면 빨리 말할수록 당신은 대인배가 되는 것입니다.

"친구야, 2등 당첨이다. 고맙다! 내가 한턱 근사하게 쏜다."

당신이 얼마를 쏘든 친구는 감격할 것입니다. 그리고 그 친구의 마음을 헤아려 보세요. 당신이 얼마를 쏠 것을 기대하고 있을까요? 로또 복권 값 1000원? 아마 반 정도를 기대할 것입니다. 그러면 기분 좋게 반 정도로 밥이나 술이나 선물을 사 주세요. 같이 해외여행이라도 다녀오세요. 어차피 같이 먹고 마시고 즐기는 것이니까 그 반의반은 내 것, 표면상 50%를 썼지만 실질적으로 당신도 즐겼으니까 25%만 쓴 셈이잖아요. 친구들까지 불러서 파티를 하면 당신의 이미지는 더욱 상승되겠죠.

로또 2등으로 몇백만 원, 몇천만 원 손에 넣어봤자 10년 지나면 사라집니다. 그러나 당신이 멋지게 돈을 쓰면 10년 후에도 당신은 멋진 친구로 남을 것입니다. 예전에 제가 아주 어릴 때 같이 일하던 작가와 원고료를 받으면 똑같이 나누겠다고 약속했는데 제가 조금 더 가진 적이 있어요. 제가 나이도 많고, 제가 일을 많이 했으니까 저는 정당하다고 생각했는데, 상대편 작가는 그게 아니었던 겁니다. 그 돈 10만 원 때문에 서로 사이도 나빠지고 지금까지 저는 그 행동에 대해 창피해하고 있습니다. 저 같은 실수를 하지 마시기 바랍니다.

사무 도르래 일은 하기 싫어지고, 언제까지 일해야 할까요? | 정해진 기준은 없지만 정상 궤도를 벗어날까봐 겁이 납니다 | 마흔 넘어가면서 삶이 부질없이 느껴질 때, 좋은 솔렘

잠정 쉬어갈 필요 없을까요? | 이 나이에 울음 울까? | 40에 공산인데 뭐 들에 하려고 이들고 있습니다. 이렇게 해야 할까요? | 이 나이에 무엇을 할

<<< PART 3

후회 없는 삶을
살기 위한 인생 리셋법

돈은 못 벌어도 진정 원하는 일이라면 행복해질 수 있나요?

>>> 행복을 돈으로 살 수 있을까요? 정답은 '네'입니다. 미국 프린스턴대학교 건강과 웰빙센터의 경제학자 앵거스 데튼과 노벨상 수상자인 심리학자 대니얼 카너먼은 미국인 24만 명을 대상으로 조사를 했습니다. 그 결과 연소득과 행복도는 비례한다는 사실을 알아냈습니다. 그러니까 연봉 3천만 원보다는 5천만 원을 버는 사람이 더 행복하다는 것이죠. 그런데 7만 5천 달러(약 8천만 원)을 넘어서면서부터는 성취감은 높아지지만 행복도는 오르지 않는다고 합니다. 그러니까 연봉 8천만 원까지는 많이 벌수록 행복해지지만 그 이상을 버는 사람에게는 별 상관이 없다는 것이죠.

그러니까 일단 당신의 연봉이 8천만 원이 안 된다면 쓸데없는 생각하지 말고 돈 버는 직업이나 직장을 고수하세요. "돈으로 행복을 살 수는 없다"고 말하는 사람들을 자세히 보세요. 돈 많은 사람들이나 하는 소리입니다.

그러나 똑같은 돈을 벌면서도 행복도가 다른 사람이 있어요. 그것은 돈을 쓰는 태도에 달렸습니다. 그러니까 행복을 찾는다고 자신이 원하는 게 뭔지도 모르면서 돈도 안 되는 일에 매달리지 말고, 돈 되는 일을 하면서 그 돈을 잘 활용하면 행복은 빠르고 쉽게 당신에게 찾아온다는 말입니다. 행복하게 돈 쓰는 방법을 알려드릴게요.

첫째, 명품 백을 사지 말고 여행 백을 사라.

명품 백은 그야말로 타인의 시선을 위한 소비입니다. 남들에게 보여지기 위한 쇼윈도 같은 태도를 버리고 자신을 위해 투자하세요. 특히 여행을 많이 다니면 세상을 보는 눈이 달라지고 많은 추억을 남길 수 있기 때문에 행복해집니다. 지금은 젊으니까 잘 모르겠지만 나이가 들수록 추억이 많은 사람이 행복합니다. 여친에게 명품 백을 사주면 좋아하겠지만 세월이 흐르고 나면 백 사준 게 아까울 뿐입니다. 그리고 백은 사라지고 남는 건 함께한 추억입니다. 그러니까 사는 데 집중하지 말고 즐기는 데 집중하세요. 아빠가 당신에게 사줬던 피아노보다 함께 노래를 불렀던 추억이 오래 기억되는 것처럼요.

둘째, 혼자 탕수육 먹을 돈으로 남들에게 짜장면을 시켜라.

행복감은 타인과 함께할 때, 특히 내가 베풀었을 때 가장 높아집니다. 그래서 기부 천사들이 가장 행복한 삶을 사는 것입니다. 자신의 행복을 위해서라도 주변 사람들에게 베풀면서 사세요. 진짜 이기적인 사람들은 기부 많이 하는 사람들입니다. 자기만 행복을 누리고 살고 있거든요. 당장 작은 일부터 실천해 보세요. 동료들을 데리고 나가서 점심을 쏴 보세요. 당신에게 쏟아지는 칭찬과 아부에 행복해집니다.

셋째, 백만 원을 한 번에 쓰지 말고 만 원을 백 번에 나눠 써라.

최신 스마트폰으로 바꾸면 기분이 좋습니다. 그러나 그 행복도 오래 못 갑니다. 첨에는 신주 단지 모시듯 스마트폰을 취급하다가 며칠만 지나면 침대에 집어 던지죠. 오히려 그 돈으로 속옷을 수십 벌 사보세요. 몇 년은 속옷 입을 때마다 행복합니다.

내가 원하는 일이지만 돈이 안 되는 일을 하는 게 쉽겠어요? 돈 되는 일인데 그걸 좋아하는 게 쉽겠어요? 결정은 당신 몫입니다.

> 나이는 자꾸 드는데 일은 하기 싫어지고, 언제까지 일해야 할까요?
>
> Q

>>> A4 용지를 준비하세요. 반으로 접어서 왼쪽은 나의 재산을 금액으로 적고, 오른쪽에는 앞으로 살아 있는 동안 내가 필요한 금액을 적어 보세요. 왼쪽이 오른쪽보다 많으면 당장 일을 그만두세요. 오른쪽이 왼쪽보다 많다면 쓸데없는 생각하지 말고 일이나 열심히 하세요.

나이가 자꾸 들수록 세 가지를 준비하지 못한다면 당신은 그 귀찮고 힘든 일을 더 오랫동안 해야 합니다. 어쩌면

죽을 때까지 해야 할지도 몰라요. 저는 지금도 폐지가 담긴 리어카를 끌고 위험한 도로를 건너가시는 할머니 할아버지를 보면 울컥합니다. 저분은 무슨 사연이 있길래 저렇게 힘들게 사는 것일까.

당신이 준비할 세 가지는 건강, 돈, 친구입니다. 하나라도 없다면 애처럼 투정부리지 말고 일하세요.

> ## 정해진 기준은 없다지만 정상 궤도를 벗어날까봐 겁이 납니다
> **Q**

 >>> 궤도에서 벗어나는 게 두려우시죠? 당신이나 나 언젠가는 그 궤도를 벗어나게 됩니다. 쉽게 말해 죽는다는 거죠. 그걸 빨리 깨닫는 사람이 행복하게 사는 겁니다. 그래서 이런 말이 있잖아요. 인생을 배우려면 장례식장을 가라고. 죽은 사람은 말이 없기 때문에 직접 물어볼 수는 없지만 죽음의 문턱까지 갔던 사람들, 죽었다 살아난 사람들은 똑같은 소리를 합니다.

"죽기 전에 후회 없이 살아라."

그래도 사람들은 그 말을 듣지 않아요. 왜냐하면 자기도 언젠가는 죽을 것이란 사실을 자주 잊어버리거든요. 잠시 모든 걸 내려놓고 당신이 어떤 길을 가야 할지 생각해 봅시다. 시계를 거꾸로 돌려보자고요. 「벤자민 버튼의 시간은 거꾸로 간다」라는 영화 보셨어요? 태어나

자마자 늙은 몸으로 태어나서 점점 몸이 젊어지다가 갓난아이가 되어 죽는다는 말도 안 되는 명화입니다. 그러나 생각할 게 많은 영화죠.

오늘 지금 이 순간, 당신이 죽었다고 생각해 보세요. 그러면 억울한 가요, 그냥 편안한가요? 편안하다고 느껴지세요? 해탈한 스님이 아니시라면 당장 병원을 찾아가 보세요. 당신은 극도의 우울증 환자입니다. 아니면 자살을 염두에 둔 상태니까 집안에 있는 번개탄이나 넥타이를 전부 치우세요. 억울하다고 느껴진다면 왜, 무엇 때문에 억울한지 생각해 보세요. 젊어서 죽는 것? 그러면 나이를 먹어가며 당신이 하고 싶었던 일이 뭔지 종이에 적어 보세요. 그 순서대로 지금 당장 실천하는 겁니다. 운명적 사랑도, 행복한 결혼도 못 해본 게 가장 억울하신가요? 그럼 이걸 실천해 보세요. 죽었다 깨난 사람인데 뭐가 두려워요. 지금부터 만나는 사람마다 들이대 보세요.

"저랑 사랑에 빠져 보실래요?"

미친놈 보듯 쳐다보면 어떻습니까? 난 죽었다 살아난 좀비인데. 그런데 당신의 미친 대사에 반응을 보일 사람이 백 명 중 한 명은 있어요. 그러니까 백 번만 고백하면 운명적 사람은 만날 겁니다. 그리고 결혼을 빨리하세요. 잘못된 결혼을 하면 어떻게 하냐고요? 그러면 또다시 하면 그만입니다. 죽음은 한 번밖에 못하지만 결혼과 이혼은 수없이 해도 상관없잖아요. 기존의 궤도가 아니니까 그럴 수 없다고요? 그 궤도라는 건 누가 만든 건데요? 이미 죽었다 깨나서 덤으로 인생을 살고 있으니까 새로운 궤도를 만들어 보세요.

이러한 충고도 당신은 '말은 쉬운데 실천이 어렵다'고 생각하실 겁니다. 그래서 가장 확실한 충격요법을 하나 드릴게요.

"당신, 내일 죽어! 아니, 오늘 밤에 죽어!!"

협박이나 뻥이 아닙니다. 당신은 오늘 밤 잠에 빠질 겁니다. 그게 사실은 죽는 것을 미리 체험하는 거예요. 잠옷은 수의고, 자기 전 먹는 간식은 마지막 제삿밥이고.

편하게 잠들고 싶으면 오늘 하루가 후회 없어야 합니다. 미룬 숙제가 없어야 합니다. 미진한 관계가 없어야 합니다. 오늘 할 일을 내일로 미룬 사람과 내일 해도 되는 일을 오늘 한 사람의 잠은 똑같은 7시간이라도 질적으로 다릅니다. 당신이 죽는 순간 행복하려면 해보고 싶은데 못 해본 일이 있어서는 안 됩니다. 그 일을 하나하나 해나가는 것, 그것이 바로 당신이 인생을 제대로 사는 방법입니다.

> 마흔 넘어가면서 삶이 부질없이 느껴질 때, 좋은 슬럼프 탈출책이 있을까요?
>
> Q

>>> 이미 당신은 좋은 슬럼프 탈출'책'을 잡고 계시잖아요. 이 책 속에 탈출 방법이 있습니다. 아직 못 찾았나요? 끝까지 읽어 보세요. 만약 끝까지 읽었는데도 방법을 모르겠다면 다음 방법 중 하나를 선택해서 실천해 보세요.

우선 당신이 부담 없이 사용할 수 있는 돈이 얼마인지 확인해 보세요. 그 액수에 따라 실행 방법이 달라집니다.

1. 돈은 무한대로 쓸 수 있다
2. 천만 원 정도
3. 백만 원 정도
4. 십만 원 정도

5. 만 원 정도

1번을 선택한 사람은 아무도 없을 것입니다. 그 정도 돈을 가진 사람이라면 삶이 부질없이 느껴지지는 않죠. 느껴지더라도 이 책을 읽고 있지는 않을 것입니다.

2번을 선택한 당신. 세계 배낭여행을 떠나보세요. '꽃보다 할배'가 여행을 하면서 가장 후회한 게 뭔지 아세요? '조금이라도 일찍 배낭여행을 해볼 걸' 하는 것입니다. 여행은 우리에게 정말 소중하고 귀중한 것을 가르쳐주는 학교입니다. 어떻게 살아야 할지 알려줍니다. 그런데 절대로 패키지여행을 하시면 안 됩니다. 혼자 배낭여행을 떠나야 합니다. 적어도 하나를 확실히 깨닫습니다. 집보다 좋은 곳은 없다. 당신도 여행을 떠나 무엇이 진짜로 소중하고 무엇을 이제부터 해야 하는지 깨달을 겁니다. 모세를 따라 40년 동안 광야를 여행한 유태인들이 쓸 데없이 시간을 낭비한 것이 아닙니다. 어려움에 부닥쳐봐야 진짜 낙원이 어디인지 깨닫는다니까요. 전 세계 대륙을 모두 밟고 돌아오세요. 돌아오지 못할지도 모릅니다. 그러나 그곳이 당신에게는 천국이 될 것입니다.

3번을 선택한 당신. 많은 분이 여기에 속하겠죠? 마흔이 됐는데 백만 원 정도 맘대로 쓸 수도 없나요? 그럼 빨리 4번으로 넘어가세요. 여기에 속한 분들은 국내 여행을 떠나세요. 무작정 떠나지 말고 목표를 세우세요. 우리나라 모든 시와 군에 발도장을 찍겠다, 무궁화 기차나 시내버스로만 이동하겠다, 전국에 사는 학교 동창들을 만나보겠다, 맛집 30곳을 선정해서 맛을 보겠다…. 휴가를 길게 내지 못한다면 매주 주말만 이용해서 3달 동안 실천하셔도 됩니다. 그리고 꼭 블로그나 페이스북 등에 글과 사진을 남기셔야 합니다. 그 기록이 당신의 첫 번째 책이 될 것이며 당신이 죽는 그날까지 꺼내볼 수 있는 추억의 통장이 될 것입니다. 그리고 덤으로 슬럼프도 탈출할 수 있고요.

4번을 선택한 당신. 지금 당장 가까운 버스 정류장으로 나가서 평소에 타지 않던 버스에 올라타세요. 종점까지 가면서 바깥 풍경과 사람들을 관찰해 보세요. 그동안 스쳐 지나가던 풍경이 새롭게 다가올 것입니다. 돌아오는 길에 아무 정류장에서 내리세요. 그 동네의 골목골목을 훑고 지나가며 느껴보세요. 아, 내가 스쳐 지나가던 곳에도 나와 같은 사람들이 살고 있구나. 다람쥐 쳇바퀴에서 내려 낯선 동네에서 하루를 보내면 세상이 달라 보입니다.

5번을 선택했나요? 책 한 권 사서 읽어 보세요. 당신이 고른 책이 당신의 미래입니다.

Q 유학을 가는 게 좋을지 빨리 취직하는 게 좋을지 모르겠습니다

>>> 인생에 정답은 없습니다. 매뉴얼도 없습니다. 그래서 누군가는 유학을 가는 게 답이 되겠지만 어떤 사람에게는 답답한 일이 되기도 합니다. 자꾸만 남과 비교하지 마시고 자신의 길을 찾아보세요. 그 길을 함께 찾아봅시다.

저는 유학을 갔다 왔습니다. 도움이 됐냐고요? 예, 저의 경우는 그렇습니다. 마침 제가 돌아온 1994년도에 케이블 TV가 준비 중이었기 때문에 그 분야를 공부한 저에게는 기회가 많았습니다. 그냥 장난 삼아 팩스로 보낸 이력서를 보고 8군데의 케이블 방송국에서 와보라고 했으니까요. 그때 최종적으로 저에게 관심을 보인 곳은 3군데. 음악방송, 여성 TV, 영화채널.

저는 영화를 전공했기 때문에 대우전자에서 준비 중인 DCN 영화

채널에 입사했습니다. 너무 급하게 입사하느라 정식 절차를 밟지도 않았고 입사 후 치른 신체검사에서 불합격을 받아 (간수치가 높게 나왔거든요) 담당 부장이 알려준 남대문시장의 약국에서 이상한 약을 사 먹고 억지로 간수치를 낮춰서 통과되기도 했습니다. 지금 같으면 불가능한 일이었죠. 그리고 입사 후 일주일 만에 미국의 대표적인 케이블 유료 영화 채널 HBO에서 연수를 받기 위해 뉴욕으로 한 달간 출장을 갔었습니다. 주말에는 센트럴파크에서 낮잠도 자고 저녁마다 뮤지컬 구경도 하고…. 그리고 6개월 후 그 직장을 그만뒀죠. 그래도 보람을 느끼는 것은 우리나라 영화 채널의 편성표 짜는 방법을 제가 만들었다는 자부심 때문이죠.

유학이 방해가 되는 경우도 있습니다. 명문대를 나온 친척 형이 있는데 한 전자 기업에 입사하여 남들의 부러움을 샀지만 유학의 꿈을 버리지 못하고 서던캘리포니아대학교(USC)로 떠났습니다. 지금은 미국에서 부동산업을 하고 있습니다. 그러나 부동산 경기가 바닥이라서 몇 년째 고전한다고 하더군요. 만약 유학을 안 가고 한국에 있었다면 지금보다는 훨씬 성공했을 형입니다.

나이 든 사람일수록 '운칠기삼'이란 소리를 자주 합니다. 유학과 취업 둘 중에 어느 것을 먼저 선택하더라도 전체적인 흐름에 따라 득으로, 혹은 실로 작용할 것입니다. 미래를 볼 수 있으면 결정하는 데 도움이 되겠죠. 그것을 모르니까 지금 갈등을 겪는 것입니다. 취직하려는 분야가 어딘지, 유학을 어디로 가는지를 안다면 미래를 점치는 데 조금은 도움이 될 수 있겠지만 그것은 어디까지나 제3자의 조언일 뿐입니다. 선택도 자기가, 책임도 자기가 져야 하니까 님께서는 빨리 선택을 하는 게 도움이 됩니다.

무엇을 선택하든 빨리하세요. 3초의 느낌으로 선택을 하나 3일간 고민해서 선택을 하나 최종 선택은 똑같습니다. 왜냐하면 결정에 사용되는 프로세스는 똑같기 때문입니다. 그리고 자신의 선택을 믿고 추진하세요. 선택하지 않는다는 건, 안 하는 걸 선택한 것이란 말이 있습니다.

추신. 취직이 가능하면 빨리 취직부터 하는 게 좋지 않을까요? 경력 사원으로 취직하지 않을 바에는 빨리 회사에 들어가는 게 좋던데요. 회사도 군대랑 비슷하더라고요. 먼저 온 놈이 장땡이에요.

취업은 안 되고, 남들보다 뒤처지는 것 같아 불안합니다

Q

>>> 직장인을 위한 고민을 풀어드리는 자리인데 이분께서는 참관인으로 참여를 하셨군요. 취업이 안 되는 분. 이분이 이제까지 받은 고민 중에 가장 큰 고민을 갖고 계시네요. 이분께는 드리는 게 있습니다. 박수를 보내드립니다. (짝짝짝)

「박수칠 때 떠나라」라는 영화가 있죠? 이런 직장인 고민 상담 책 읽지 마시고 취업 준비를 위한 책부터 읽으세요. 일단 취업부터 하세요. 취업이 안 돼 뒤처진다는 생각도 하지 마세요. 그런 생각이 바로 당신의 취업을 방해하는 것입니다. 그냥 쿨~하게 생각하세요. 내가 남보다 조금 늦구나.

저희 어머니의 증언에 따르면 제가 말을 좀 더디 배웠습니다. 그런데 지금은 말로 먹고사는 유명 강사가 되어 있어요. 제가 한글도 늦게

떼었다고 합니다. 그런데 지금은 베스트셀러 작가가 되어 있어요. 바람도 늦게 피기 시작했는데… 하여간 늦은 게 문제가 아니라 늦었다고 고민하는 게 더 큰 문제입니다.

요즘 저는 남들보다 빠릅니다. 남보다 빨리 성인병이 찾아왔고, 남보다 빨리 탈모가 시작됐고, 남보다 빨리 거시기가….(ㅠㅠ) 그래도 이렇게 웃을 수 있는 이유는 그 문제로 고민하는 게 아니라 그 문제를 남보다 빨리 경험했으니 문제 해결도 남보다 빠를 것이라 생각한다는 것이죠. 최근엔 이런 생각을 했어요.

'중년과 노인 들을 위한 코미디나 시트콤을 쓸까?'

제가 만약 이걸로 히트를 쳐서 성공한다면 남들보다 빨리 경험했기 때문에 가능한 것입니다. 그러니까 남들보다 늦다고, 빠르다고 고민이나 자랑을 하지 말고, 그걸 받아들여 무엇을 창조할 것인지에 생각을 집중해 보세요. 저는 현재 직장인을 위한 고민 상담 책을 쓰면서도 이런 생각을 하고 있어요.

'앞으로 법륜 스님의 즉문즉설처럼 직장에 특강을 가서 직장인의 고민을 해결하는 강의를 하면 좋겠구나.'

아무도 안 간 길을 내가 갈 수 있다면 얼마나 좋겠습니까. 빠르면 빠른 대로, 늦으면 늦은 대로 창조적 생각을 해보세요. 그걸로 돈을 번다면 그게 바로 창조경제 아니겠어요?

예전에 우리가 어릴 땐 이런 노래도 있었어요.

"앞에 가는 사람은 선생님, 뒤에 오는 사람은 학생."

그러면 또 뒤에 가는 아이들이 이렇게 노래를 부르곤 했죠.

"앞에 가는 사람은 도둑놈, 뒤에 오는 사람은 순경."

'위치'가 중요한 게 아니라 '와치(watch)'가 중요합니다. 잘 관찰하시기 바랍니다.

워킹맘인 저 자신을 위해
어떤 투자를 하면 좋을까요?

Q

>>> 축하드립니다. 드디어 자신을 위해 투자를 해야 한다는 생각을 하셨군요. 지난 몇 년 동안 아이를 위해, 남편을 위해, 회사를 위해 본인은 고생만 하셨군요. 그럼 자기계발을 위해 무엇을 먼저 해야 될까요? 직장을 포기하세요. 너무 무책임한 답변이라고요? 제가 볼 때 직장생활을 하면서, 육아를 하면서, 가사를 하면서 자기계발까지 한다는 건 거의 불가능합니다. 당신은 워킹맘이지 슈퍼맘, 아이언맘이 아니잖아요.

정말 힘들지만 그래도 자기계발을 생각한다면 작은 것부터 실천하도록 하세요. 우선 다음 질문에 답해 보세요. 내가 가장 소중하게 생각하는 것이 무엇일까? 그 목표를 향해 가는 것이 자기계발의 방향입니다. 건강? 돈? 사랑?

건강일 경우 가장 좋은 건강 관리법을 소개해 드리죠. 매일 5분만 투자하세요. 바로 맨손체조입니다. 초등학교 때 배웠던 것을 떠올려본다든지 기억이 가물가물하다면 검색창에 '맨손체조'를 쳐 보세요. 인기리에 방영됐던 드라마 「직장의 신」에 소개된 김혜수의 맨손체조를 따라 하셔도 좋아요. 맨손체조가 가장 쉽고 경제적인 방법이면서 가장 효과적인 방법이라고 전문가들은 이구동성으로 말하고 있습니다. 수십만 원 들여서 헬스클럽 일 년치 끊어봤자 한두 주 다니고 포기하는 사람들이 수두룩합니다. 헬스클럽에 가입한 사람들이 전부 나온다면 아마 만원 버스처럼 복잡할 거예요. 더 간단한 방법은 계단 이용하기입니다. 아파트, 회사, 지하철에서 계단만 이용했는데 두 달 만에 5킬로그램을 뺀 사람을 만났어요.

돈이 우선이라면 재테크에 투자하세요. 가장 쉬운 재테크 교육은 경제전문 일간지를 읽는 것입니다. 인터넷으로 보지 말고 꼭 신문을 구독하세요. 왜냐하면 신문광고도 경제 흐름을 알 수 있는 잣대가 되기 때문입니다. 첨에는 굵은 제목만 읽으면서 점점 흐름을 익혀 가다가 눈에 들어오는 기사나 칼럼을 찬찬히 읽어 보세요. 아마 현재 하고 있는 업무와도 관련이 되어 도움을 받을 것입니다. 재테크에 기본이 되는 것은 정보입니다.

만약 가족 간의 사랑이 우선이라면 관계를 좋게 하는 것에 투자하세요. 가족들과 함께할 수 있는 일은 의외로 많습니다. 가까운 앞산에 산책 가기, 자전거 타기, 애완동물 키우기, 오카리나 우쿨렐레 같은 작고 귀여운 악기 배우기….

제가 강력하게 추천해 드릴 것이 딱 하나 있습니다. '책 읽기'가 가장 좋은 자기계발입니다. 그렇다고 자기계발 서적을 읽으라는 것은 아닙니다. 진짜 자기계발은 문사철에서 시작합니다. 문학 책을 통해 글쓰기와 말하기의 기본기를 다질 수 있고, 역사 책을 통해 앞으로 다가올 미래를 내다볼 수 있으며, 철학 책을 통해 '진정 나는 누구인가'에 대한 성찰이 이뤄질 수 있기 때문입니다.

"Back to the basic"이란 말이 있죠? 힘들고 어려울수록 기본으로 돌아가야 합니다. 그리고 진정한 자기계발은 기본을 다시 생각하는 데서 출발해야 합니다. 당신은 워킹맘입니다. '워킹맘' 어디에 악센트가 들어가나요? 워킹? 맘? 그것을 먼저 생각하고 출발하세요. 일하는 엄마인지, 엄마가 일하는 것인지.

> 사회적으로 성공하고 가정도 잘 꾸리는
> 슈퍼맘 되기, 정말 어려울까요?
>
> Q

>>> 예전에 여자들의 경우, 사회적 성공과 가족 중에 하나를 포기해야 했습니다. 지금도 그렇다고 말하는 사람들이 많습니다. 왜냐하면 아직도 여자들에겐 아내, 며느리, 엄마로서 져야 할 짐이 있기 때문이죠. 남자들도 남편, 사위, 아버지가 되지만 이러한 신분이 사회적으로 활동하는 데 제약을 주지 않습니다. 그러나 여자에겐 다릅니다. 이 다른 부분을 해결하지 못한다면 여전히 우리 사회에서 여자가 성공하기란 쉽지 않습니다.

다른 부분이 무엇인지 하나하나 짚어 보죠. 아내는 보통 남편의 결정에 따릅니다. 부부가 수평관계라기보다는 수직관계로 흐르기 쉬운데요. 이런 관계 속에서는 아내가 자신의 성공을 위해 해외 연수를 가거나 지방 근무를 가는 것이 쉽지만은 않습니다. 며느리로서는 더더욱 제약이 많습니다. 시부모의 의견까지 나의 삶에 제약을 주니까요.

그러나 무엇보다 여자들에게 가장 큰 굴레가 되는 것은 엄마라는 신분입니다. 아이들의 양육과 성공을 위해서 엄마는 희생해야 한다는 게 절대 불변의 법칙처럼 여겨지는 우리나라에서, 엄마가 자녀를 팽개치고 자신의 성공만을 위해 달려가기란 쉽지 않죠.

그럼 이런 어려움 속에서 어떤 방법을 활용하면 좋을까요?

첫째, 가장 쉬운 방법은 성공을 위해 다른 관계를 포기하는 거죠.

그래서 커리어 우먼 중에는 결혼을 포기하고, 연애까지 포기하고, 결혼을 했더라도 출산을 포기하는 여자들이 있습니다. 주변에 혹시 이런 여자 선배가 있다면 허심탄회하게 물어보세요. 지금의 성공이 관계의 포기를 뛰어넘을 정도로 좋은 것이냐고.

둘째, 적절한 선에서 타협하기.

결혼 후에 일을 계속하다가 어느 정도 아이들이 크면 퇴직하는 경우가 있습니다. 퇴직은 미루면서 진급을 위해 열심히 노력하지는 않고 적당히 붙어 있을 정도로만 일을 합니다. 이래서 직장에서는 여자들에게 중책을 맡기지 않는 악순환이 반복되고 있죠. 결혼 혹은 임신을 하면 퇴직을 강요하는 경우가 발생하기도 하고요.

셋째, 사회적 성공과 관계를 동시에 만족하는 틈새시장 찾기.

아이들이 크면서 퇴사를 하고 아파트에서 공부방을 창업한 사람이 있습니다. 자기 자녀와 함께 다른 아이들 공부를 봐주면서 돈도 벌고, 자녀도 챙기고요.

이론상으로만 보자면 세 번째 경우가 가장 이상적이겠죠. 그러나 쉬운 일은 아닙니다. 말 그대로 틈새시장이기 때문에 남들보다 눈을 더 크게 뜨고, 노력도 더 해야 하죠. 그러나 다른 방법에 비해 보람도 있고 성과도 크지 않을까요? 어차피 우리 사회가 여자를 바라보는 눈은 앞으로도 크게 변하지는 않을 것입니다. 그렇다고 결혼과 연애를 포기하거나 대충 눈치 보며 회사를 다니는 것보다는 창의적 사고로 성공과 관계라는 두 마리 토끼를 잡는 것이 현명한 방법이겠죠.

> 정년 퇴임을 앞두고 있는데 일은 계속할 생각입니다. 어떤 준비를 해야 할까요?
>
> **Q**

>>> 정년 퇴임을 앞두고 있다고요? 일단 축하드립니다. 항해를 떠나는 배보다 무사히 항해를 마치고 항구로 들어오는 배가 더 축하를 받아야 하거든요. 그런데 노후 준비가 안 된 사람이 너무 많아서 박수 보내기도 불편하더군요. 대부분 집 장만, 자녀 교육에 무리하게 돈을 쓰다 보니까 정작 자신들을 위한 노후 준비는 하나도 못한 거죠. 그래서 자조 섞인 소리로 "우리는 부모를 모시는 마지막 세대, 자녀에게 버림받는 첫 번째 세대"라고 말합니다. 퇴직 준비는 적어도 20년 전에 했어야 하는데….

국가도 책임지지 않아요. 연금도 바닥이 날 것이고, 자식도 부모를 버리는 판인데 정부가 나를 위해 뭘 해주겠어요. 모아 놓은 돈도 없고, 땅도 없고, 보험도 없고, 집도 반 이상이 은행 소유고…. 그렇지만, 뭘

가 희망이 있지 않을까 해서 찾아봤더니 방법이 있기는 있더군요. 이미 당신이 알고 있는 방법입니다. 바로 퇴직 후에도 죽을 때까지 일하는 것입니다.

너무 비관적이라고요? 그렇지 않습니다. 당신은 얼마쯤 갖고 있어야 여유롭게 노후를 보낼 것이라고 생각하시나요? 한 10억 원쯤이라고 가정합시다. 그 10억을 은행에 넣어 두면 연리 3%의 경우 3천만 원이 이자로 나옵니다. 세금 등을 생각해서 월 200만 원을 받는다고 가정해 봅시다. 은행 금리는 줄고 세금은 늘어서 실제 수령액은 더 적어질 것입니다. 그러니까 죽을 때까지 월 200만 원을 버는 일을 한다면 10억을 벌어놓은 것과 동일한 삶의 질을 유지할 수 있다는 것입니다.

계속 일하기 위해서는 두 가지가 중요합니다. 건강한 몸과 변화에 대처하는 머리. 저도 솔직히 말해서 노후 대비가 충분하지 않습니다. 40대에 겪은 사업 실패와 가정 내 문제로 지금 다시 시작하는 중입니다. 100억쯤 은행에 있으면 넉넉하겠죠? 그래서 월 2천만 원씩 죽을 때까지 버는 쪽으로 계획을 잡고 지금도 이렇게 책을 쓰고 있는 거죠. 이 책이 베스트셀러가 되면 여기저기서 직장인의 고민을 해결해주는 강의가 쇄도할 테고, 그러면 TV 출연도 많아질 것이고, 다시 책을 쓰면 베스트셀러가 될 것이고, 그렇게 하기 위해 건강을 유지하려면 운동을 해야 하고…. 지금은 빈손이지만 뭐 걱정할 게 없군요. 그리고 가장 중요한 것, 삶의 여유를 위해 오늘도 저는 이렇게 웃습니다. 하하하.

> 지금 하는 일에 흥미도 재능도 없습니다.
> 계속 이 일을 해야 할까요?
>
> Q

   >>> 옛말 하나도 안 틀린다고 생각했는데 딱 하나 틀린 게 있더라고요.

"한 우물을 파라."

요즘은 한 우물만 파면 망합니다. 동시에 여러 개의 우물을 파야 하는 융합과 통섭의 시대가 되었습니다. 길을 가다가 이 길이 아니라고 생각하면 유턴을 해야죠. 쭉~ 가는 바보가 어디 있어요. 이건 고민할 가치도 없습니다. 그런데 자꾸만 유턴을 거듭하는 사람들이 있더군요. 그건 아니죠. 왜냐하면 유턴 두 번 하면 제자리가 되거든요. 그러니까 한 번 방향을 꺾을 때 신중해야 합니다.

흥미, 재능, 계속. 세 단어를 합치면 인생 대박이 됩니다. 에디슨은 발명에 '흥미'가 있었고 '재능'도 있었고 그 길을 '계속' 갔더니 발명왕이 된 것입니다. 다른 위인들도 거의 다 이 공식에 맞아떨어집니다. 요즘 젊은이들이 고민에 빠지는 이유는 자신이 무엇에 '흥미'를 느끼고 어떤 '재능'이 있는지 알지 못하기 때문입니다. 더구나 그 길을 '계속' 하는 끈기도 없고요. 다른 길을 탐색하려면 우선 내가 가장 흥미를 느끼는 일과 재능이 있는 일이 무엇인지 알아야 합니다.

흥미를 느끼는 일에 재능이 있다면 금상첨화죠. 그런데 흥미를 느끼는 일과 재능 있는 일이 다르다면 어떻게 해야 할까요? 다른 말로 표현하자면 '좋아하는 일'과 '잘하는 일' 중에서 어떤 일을 하는 것이 성공으로 향하는 지름길일까요? 저는 잘하는 일을 선택하라고 말씀드리고 싶네요. 왜냐하면 좋아하는 걸 잘하는 건 어렵지만 잘하는 걸 좋아하는 건 당신의 맘만 바꾸면 되니까 그게 더 쉽거든요. 그 일을 꾸준히 계속한다면 성공은 보장된 것입니다. 어느 정도 성공을 달성하고 나면 그때 가서 당신이 좋아하던 일을 하면 되는 겁니다. 쉽죠? 더 늦기 전에 내가 잘하는 일이 뭔지 찾아보세요.

"그걸 못 찾겠단 말이에요!"라고 말하고 싶다면 이것저것 다 해보세요. 직접 해봐야 그걸 잘하는지 못하는지 알 수 있죠. 그걸 준비하는 시기가 청소년기인데 우리는 그때 학교, 학원에서만 보냈으니 당신처럼 나이 먹고 사춘기를 앓는 청춘들이 많은 겁니다. 우리나라의 가장 큰 걱정은 20대 후반, 30대가 되어도 제 갈 길 모르고 여전히 사춘기를 보내는 사람들이 많다는 거죠. 이제라도 정신 차리고 찾아보세요. 내가 가장 잘할 수 있는 게 뭔지. 그리고 그것을 꾸준히 '계속'할 수 있는 열정이 필요합니다.

> **40대 중반인데 늘 돈에 허덕이고 있습니다.
> 어떻게 해야 할까요?**
>
> **Q**

>>> 사십 대 중반이면 아이들은 지금 청소년이겠네요. 생활비, 교육비가 점점 늘어나겠군요. 돈 문제로 걱정이 많은 것 같은데, 그렇다고 해서 고민이 해결되지 않습니다. 오히려 당신의 고민하는 모습이 아이들에겐 커다란 고통이 될 것입니다. 절대로 아이들 앞에서는 부부간에 돈 문제로 고민하거나 다투는 모습을 보여주지 마세요. 왜냐하면 청소년기에 바라본 부모의 모습을 아이들은 닮게 되거든요. 자식들도 당신과 똑같이 돈으로 고통받게 하고 싶지는 않죠?

경제적 문제를 해결하는 방법은 두 가지입니다. 수입을 늘리든가, 지출을 줄이든가. 밸런스를 맞추지 못해 파산하는 가정이 점점 늘고 있습니다. 우선 수입을 늘리는 게 쉬운지, 지출을 줄이는 게 쉬운지 파악해 보세요. 그리고 쉬운 걸 먼저 실천하세요. 둘 다 어려우면 방법이 전혀 없습니다. 외부에서 강압적인 제재가 들어오기 전에 본인이 먼저 실천하세요.

대부분의 경우 지출을 줄이는 게 빠릅니다. IMF의 기억을 되살려서 허리띠를 졸라매세요. 줄일 수 있는 항목 중에 우선순위를 정해서 과감히 삭감하세요. 외식, 취미생활, 학원비, 품위 유지비 등등 안 써도 당장 죽는 거 아닌 부분을 커트하세요.

숨통을 조여 오는 고통이 있을 겁니다. 그러나 숨통이 끊어지는 것보다 낫습니다. 애들 학원비를 어떻게 줄이냐고요? 그래도 학교를 못 다니는 것보다는 낫습니다. 차가 두 대라면 한 대는 파세요. 한 대라면 그것도 파세요. 그래도 다리 없는 사람이 휠체어 파는 것보다는 낫습니다. 외식도 하지 마세요. 그래도 집에 쌀 떨어지는 것보다는 낫습니다. 집도 과감히 줄여가세요. 그래도 노숙자보다는 낫습니다.

줄일 대로 줄였다면 이제 더 벌어보세요. 의외로 눈먼 돈들이 아직도 많아요. 투잡을 뛰든지, 아내가 재취업을 하든지, 아이들이 알바를 하든지. 말이 쉽지 어떻게 그렇게 하냐고요? 아직도 배에는 빠질 기름기가 있군요. 그거 빠지고 나가서 일 할래요, 빠지기 전에 배라도 든든한 채로 일 할래요?

20여 년 전 일하던 회사가 노사분규로 파업을 하면서 은행 잔고가 마이너스로 떨어졌습니다. 저는 휴대전화 세일즈, 마누라는 식당 웨이트리스로 일을 시작했죠. 지금은 추억이 되어 그때 일을 웃으며 말할 수 있지만 당시에는 참 우울했어요. 어차피 눈앞에 다가올 위기라면 닥쳐서 하지 말고 먼저 뚫고 나가세요. 파도가 밀려올 때 가만히 있으면 물에 빠져 허우적대지만 파도를 향해 나가서 파도타기를 하면 즐길 수 있잖아요. 체면? 위신? 그런 게 밥 먹여줍니까?

오늘 당장 가족회의를 열어 가정 부도 사태를 발표하고 금 모으기 운동을 하는 심정으로 비장하게 집안 가계를 일으키세요. 위기가 기회라는 말처럼 사십 대 중반의 가정경제 파탄이라는 위기가 밝은 미래를 위한 터닝 포인트가 될 것입니다. 아이들은 아빠 엄마의 이런 비장한 모습에서 값진 교훈을 얻게 될 것이고요.

10년 후쯤 퇴직한다면, 두 번째 직업으로 무엇이 좋을까요?

Q

>>> 우리나라에서 가장 사기를 많이 당하는 나이가 바로 50대라고 합니다. 그리고 사기꾼들의 표적이 되는 사람들은 퇴직자고요. 그러니까 10년 뒤에 당신이 사기를 당할 확률은 매우 높군요. 그걸 방지하기 위해서라도 지금부터 차근차근 이모작을 준비한다는 것은 매우 바람직한 현상입니다. 대부분은 퇴직이 임박해서야 준비하거든요. 1년을 준비한 사람과 10년을 준비한 사람은 확실히 차이가 있습니다. 일찍 좋은 생각을 하셨네요.

조언이라는 게 그래요. 확실히 당신에게 어떤 일을 하라고 말해주면 가장 좋은 대답이 되겠지만 그건 불가능합니다. 왜냐하면 당신이 현재 하고 있는 일도, 성격도, 적성도, 준비된 자금도 모르기 때문에 어떤 일을 하는 게 좋을지는 제가 무당이 아닌 이상 알아맞힌다는 게 불가능하죠. 무당도 사실 자기 앞날을 모르더라고요. 그러니까 한번 같이 찾아보도록 하죠.

제 친구는 광고 감독을 하다가 사십 줄에 접어들면서 일이 줄어들자 이모작을 준비하기 시작했습니다. 1년간 안식년을 갖고 중국으로 어학연수를 떠났죠. 그런데 인형 모양의 도자기를 보고 착안을 해서 '무스토이'라는 인형카페를 홍대에 오픈했습니다. 첨에는 물론 장사가 안 됐죠. 그런데 홍대에는 미술, 디자인에 관심 있는 학생들이 많아서 점점 입소문을 타고 잘되기 시작했습니다. 특히 어떤 손님들은 직접 그린 인형을 찍어 블로그에 올렸는데 이게 포털사이트 메인에 뜨는 바람에 엄청 홍보가 됐습니다. 지금은 전국 8군데에 지점을 낼 정도로 성공했습니다.

이 성공 스토리에서 힌트를 찾아보세요. 일단 현재의 일을 하면서도 항상 새로운 아이템에 관심을 기울여야 합니다. 그리고 새로운 잡을 위해 투자를 해야 합니다. 재교육을 받든지, 여행을 다니든지, 새로운 사람을 만나든지. 그리고 비즈니스는 위치 선정이 중요합니다. 새로운 변화에 빨리 적응도 해야 하고요. 마지막으로 운에 맡기세요. 다시 한번 정리해 드릴 테니 오늘부터 당장 실천해 보세요.

첫째, 창업노트를 만들라.

새로운 인생 이모작을 위해서는 다양한 정보가 필요합니다. 그러한 정보를 수집할 수 있도록 스마트폰, 노트, 컴퓨터 등을 활용해서 항상 메모가 가능한 창업노트를 만드시기 바랍니다. 이 노트에 채워지는 양이 많으면 많을수록 당신은 성공 가능성이 높아집니다. 그런데 이런 기초적인 일조차 안 하면서 새로운 일을 찾겠다고 하다가 수천만 원, 수억 원 날리는 사람이 의외로 많습니다.

둘째, 자격증이 아니라 자신감을 위한 공부를 시작하라.

새로운 일을 위해서는 새로운 공부가 필요합니다. 현재 하고 있는 일을 위해 수년 동안 공부를 했는데 새로운 일을 위해서는 그보다 더 많은 노력이 필요합니다. 요즘은 사이버 대학도 있어서 공부하기로 맘만 먹으면 얼마든지 할 수 있습니다. 이제 자격증, 학위 같은 거 신경 쓰지 말고 진짜로 자기가 하고 싶은 공부를 해 보세요.

셋째, 안식년을 가져라.

시간이 없다면 한 달에 하루만 투자하세요. 제 친구는 시간과 돈이 허락하기 때문에 1년간 중국에 다녀올 수 있었죠. 이런 여유가 없다면 이제부터 매달 하루를 재취업을 위해 투자하세요. 관심 분야를 취재하기도 하고, 체험도 해보면서요. 취미생활도 돈이 드는데, 이제부턴 인생 이모작을 위해 투자를 하세요.

넷째, 사람을 만나라.

사람을 통해 얻는 정보가 엄청 많습니다. 다양한 경로를 통해 사람과 소통하세요. 물론 사기꾼을 만날 수도 있지만 사람들을 많이 만나 보면 사기꾼 식별법도 배웁니다. 사람과 소통을 하세요.

> 버는 것보다 쓰는 것이 많아요.
> 어떻게 해야 할까요?
>
> Q

 >>> 내 자식 같으면 "나가 죽어라!"라고 말하겠지만 그럴 수도 없고. 망하는 지름길을 잘 달리고 계시네요. 부자와 거지의 차이는 얼마나 쓰느냐가 아니라 쓰는 만큼 벌 수 있느냐 없느냐의 차이입니다. 누구나 쓰고 싶어 해요. 그런데 이렇게 쓰다가는 어떻게 될지 뻔하니까 안 쓰는 겁니다.

지금은 고인이 되신 성호그룹의 회장님께 여쭤본 적이 있어요.

"회장님, 저도 큰돈을 벌고 싶은데 어떻게 하면 되죠?"

"신 교수, 칠전팔기라고 알아?"

"당연히 알죠. 아, 일곱 번 쓰러지더라도 여덟 번 일어나면 되는군요."

"아니. 여덟 번 만에 되면 빨리 되는 거야. 나는 될 때까지 한다네."

"될 때까지 하라. 그러면 부자가 되는군요."

"아니. 하나가 더 있어."

"그게 뭔데요?"

"아껴야 해. 아끼지 않으면 아무리 많이 벌어도 부자 되기는 글렀어."

당신께 진지하게 물어봅니다. 앞으로 거지 되는 건 시간문제인데 그래도 계속 버는 것보다 많이 쓰실래요? 알면서도 계속 그 길로 간다면 당신은 정말 구제불능입니다. 쓰는 것 이상으로 더 벌면 되지만 당신 같은 스타일은 많이 벌면 많이 쓰기 때문에 한도 끝도 없을 겁니다. 다음을 명심하면서 오늘부터 당장 쓰는 걸 줄여보세요.

1. 카드를 버리고 현찰로만 쓸 것.
2. 결혼을 했다면 아내(남편)에게 모든 경제권을 넘겨줄 것.
3. 아내(남편)도 당신처럼 제정신 못 차리는 사람이라면 이혼할 것.
4. 이혼을 못 하겠다면 일단 별거라도 할 것.
5. 돈 새는 곳이 어딘지 확인하고 구멍을 막을 것. 예를 들어 취미생활은 돈 안 드는 것으로 대체. 문화생활은 독서. 차는 팔고 뚜벅이생활. 집도 줄여서 갈 것.
6. 일주일 동안 쓸 돈을 정한 다음에 그 돈 안에서만 생활할 것. 돈이 떨어지면 먹지도 말고, 나가지도 말고, 집에 처박혀 있을 것. 다이어트 한다고 생각할 것.
7. 위의 지침대로 하는 게 어려운지, 노숙자가 되어 서울역에 누워 있는 게 어려운지 잘 생각해 볼 것.

'회사 ⇄ 집'으로 반복되는 일상이 지루해 죽겠습니다. 특별한 탈출법 없을까요?

Q

>>> 회사, 집, 회사, 집…. 이렇게 다니는 게 지겨우면 두 가지 방법이 있습니다. 더하기와 빼기.

우선 더하기.

집과 회사 사이에 하나를 더하는 겁니다. 저는 '자전거'를 더했어요. 김포에서 합정동까지 차를 타고 다니다가 자전거를 타기 시작했죠. 첨에는 죽는 줄 알았어요. 그런데 차츰 익숙해지더라고요. 그러면서 한강변의 풍경과 지나가는 사람들이 눈에 들어오고, 코로는 맑은 강바람이 들어오고, 귀로는 귀뚜라미 소리도 들어오고요. 그렇게 무엇인가 더했더니 삶이 달라졌습니다.

'학원'을 더하는 방법도 좋아요. 제가 아는 사람은 춤을 본격적으로 배웠어요. 아침에 춤추고 회사 나오다가 이제는 회사 끝나고도 춤을 추러 가요. 발표회 나간다고 쉬는 시간에도 춤 연습 하는 걸 보니까 무척 행복해 보이더군요. 「쉘 위 댄스」라는 영화가 딱 생각났어요.

취미생활로 아니면 앞으로의 인생 이모작을 위해 무엇인가를 배워 보세요. 그렇게 집과 회사 사이에 무언가를 더하면 사는 게 행복해진답니다.

이번엔 빼기.

회사를 빼든지 집을 빼세요. 그렇게 반복하는 게 싫으면 직장을 그만두세요. 가장 짜릿한 탈출법이죠. 그렇게는 못 한다고요? 돈을 벌어야 하니까? 그럼 집을 빼세요. 아직 결혼 안 했다면 아버지 집에서 뛰쳐나와 결혼을 하는 겁니다. 어때요. 생각만 해도 짜릿하죠?

이미 결혼한 사람은 어떻게 하냐고요? 그건 알아서 하세요. 그렇다고 이혼하라는 소리는 아닙니다. 하루 정도 휴가를 내서 여행을 떠나는 방법이 있잖아요. 이렇게 틀을 벗어나 봐야 그 틀이 얼마나 소중한지 깨닫습니다. 여행 후에는 다시 집과 직장으로 돌아가고 싶을 걸요.

마지막으로 유체이탈.

저도 가끔 일상에서 벗어나고 싶을 때는 상상을 합니다. 그곳이 어디라도 상관없어요. 지하철, 거실 소파, 택시 안, 공원 벤치…. 어디라도 상관없어요. 눈을 감고 상상에 빠지는 겁니다. 어릴 때는 자주 하던 것인데 나이가 들면서 그 재미를 잊어버린 사람이 많더라고요. 상상의 나래를 편다는 표현, 얼마나 멋집니까? 그게 힘들다면 이미 나이가 드신 겁니다.

커피 한잔을 마시면서도 콜롬비아에 다녀오는 상상을 하고, 쌀국수를 먹으면서도 베트남에 다녀올 수 있는 상상력. 이것이 당신께 필요하군요. 저는 지금 이 글을 쓰면서 짬짬이 퍼팅매트(putting mat)에서 공을 세 개씩 칩니다. 그러면서 캘리포니아의 페블비치를 상상하거든요.

> 떨어지는 집값 때문에 걱정입니다.
> 집을 팔아야 할까요, 그냥 살아야 할까요?
>
> **Q**

>>> 팔기로 결정을 한들 집이 안 팔리는데 어쩌겠어요. 급매물로 내놔도 떨어진 지역의 집은 잘 팔리지 않더라고요. 그러니까 그냥 살아야죠. 제가 2007년쯤 대한지적공사 강의를 다녀오는데 토지 관련 과목을 가르치시는 교수님이 차편이 없다고 해서 태워드린 적이 있어요. 차비 대신에 정보를 주셨는데 2011년을 시작으로 아파트 값이 떨어질 테니 지금 갖고 있는 아파트를 팔라고 하시더라고요.

그래서 제가 아파트를 팔았을까요? 아니죠. 세상일은 모르는 거라 생각하고 그냥 갖고 있었죠. 시금 2억 원 정도 손해를 보고 있습니다. 이래서 우리는 전문가의 말에 귀를 기울여야 하나 봅니다. 그런데 문제는 누가 전문가인지 모른다는 거죠. 결론은 자기 스스로 공부하고 자기 스스로 판단을 해야 합니다. 모든 책임도 자신이 져야 하니까.

부동산 경기에 대해서 지금이 바닥이라는 사람도 있고 지하로 더 떨어질 것이라는 사람도 있습니다. 그런데 제 좁은 식견으로는 집값이 오를 것이란 생각은 안 하는 게 좋을 듯합니다. 현재 갖고 있는 집이 투기를 목적으로 산 집이라면 파는 게 맞습니다. 앞으로 더 떨어질 수 있으니까요. 그러나 살고 있는 유일한 집이라면 그대로 보유해야겠죠. 다만 집에 대출이 많아서 부담이 된다면 집을 팔고 전세로 가거나 평수를 줄이거나 더 멀리 이사를 가는 수밖에요. 결단을 내리려면 빨리 하세요. 나중에 떠밀려서 하면 더 비참하거든요.

그런데 집의 위치를 선정할 때 보통은 학군만 따지는데 이것도 따져 봐야 합니다. 자신의 출퇴근 거리. 2011년 조사에 따르면 평균 출퇴근 시간이 36분이던 것이 2012년에는 51분, 2013년에는 58분이라고 하더군요. 점점 늘어나는 추세죠. 왜냐하면 집값 때문에 점점 외곽으로 밀려난다는 뜻이에요. 교통 체증 때문에 시간이 늘어나기도 하고요. 그런데 이런 말 들어 보셨어요?

"성공하려면 출퇴근 시간을 줄여라."

30분 내로 줄이는 것이 좋다고 합니다. 위성도시의 번듯한 아파트보다 직장 가까이 허름한 빌라가 더 좋을 수도 있다는 말입니다. 여건이 허락된다면 나에게 남은 유일한 재산인 집에 잘 투자해서 여유로운 노년을 준비하시기 바랍니다. 무리하게 학군 따라 갈 것이 아니라 출퇴근 시간을 최대한 줄이면서 현명한 판단을 하는 게 도움이 되겠죠.

넓은 평수만 고집하지도 마세요. 집이 좁으면 가족 간의 거리도 좁혀지지 않을까요? 집에 대한 생각이 우리의 미래를 결정할 것입니다.

> 마흔이 오는 게 무서워요.
> 어떡하면 좋을까요?
>
> Q

>>> 저는 마흔이 오면 기뻐 춤을 출 텐데. 저도 당신처럼 서른 시절엔 그렇게 생각했어요.

'마흔이 넘으면 난 어떻게 하나…'

그런데 쉰을 넘기고 보니까 마흔 때가 부럽더라고요. 이건 저만 그런 게 아니라 누구나 똑같이 느끼는 감정입니다. 어느 팟캐스트 방송에서 20대 여자분이 자기는 서른 넘으면 혀 깨물고 죽을 거래요. 그 여자가 그렇게 죽으면 제 손에 장을 지질 겁니다. 다가올 미래에 대해 누구나 두려움을 갖고 있습니다. 그러나 그 시기를 지나고 나면 추억으로 남게 되죠.

마흔이 오는 게 무서운 이유가 뭘까 먼저 생각해 보세요. 아마도 준비가 안 되어 있기 때문일 겁니다. 정신적으로 그리고 물질적으로. 그러면 답은 나왔네요. 마흔을 당당하게 맞을 수 있는 방법은 정신적으로 성숙하고 물질적으로 충족하면 된다는 거죠. 정신적으로 성숙해지는 방법은 역시 '책'밖에 없습니다. 책을 읽지 않는 사람은 어른이 아닙니다. 그리고 물질적 충족은 수십, 수백 억을 번다고 채워지는 것이 아닙니다. 자신이 쓸 만큼만 벌 수 있으면 충분합니다.

이제 쓸데없는 고민을 할 시간에 책을 보고, 그 책에서 배우는 지식을 통해 돈을 벌어 보세요. 돈을 버는 게 쉽다고 느끼는 사람과 반대로 느끼는 사람의 차이는 처음 돈을 벌었을 때의 나이와 관련이 있습니다. 어린 나이에 돈을 벌어본 사람은 돈 버는 게 쉽다고 느껴요. 나이 먹고 처음 돈을 벌어본 사람은 돈 버는 게 어렵다고 말하죠. 이런 사람은 큰돈 벌기 어려워요. 어린 자식의 미래를 위해 꼭 실천해야 할 것은 어린 나이에 돈을 벌게 하는 것입니다. 스무 살이 넘기 전에 자기 힘으로 돈을 벌어 봐야 돈 버는 것에 대한 두려움이 사라지거든요.

이미 나이가 든 사람은 어떻게 하냐고요? 다시 태어나세요. 농담이고요. 이제부터라도 어린 시절의 용기와 패기를 되살려 보세요. 두려움이 많은 사람은 넘어졌다가 그걸 극복하고 일어난 경험이 적기 때문입니다. 오뚝이처럼 한 번 쓰러졌다가 다시 일어난 경험이 많은 사람은 절대 두려움이 없죠. 당신도 이제부터 쓰러졌다가 일어나는 걸 두려워하지 마세요. 두려움은 극복의 대상이지 항복의 대상이 아닙니다. 그래도 두려울 땐 다음 주문을 외우세요.

"넘어지면 다시 일어나는 거야. 난 그 느낌 아니까~"

마흔이 넘어 다시 공부를 하고 싶은데 괜찮을까요?

Q

>>> D 제약 회사에 강의를 하러 갔더니 80세를 넘긴 회장님이 중국어 공부를 하고 계시더군요. 중국 진출을 위해서? 아뇨, 그냥 취미로. 마흔이면 그분보다 딱 반인데 뭐가 두려워요?

남들은 제가 석사나 박사인 줄 알고 있지만 학사 출신입니다. 그래도 방송 작가도 하고 교수도 했어요. 쉰이 넘어서 최근에 석사 학위를 받았습니다.

그런데 공부를 다시 시작할 땐 왜 공부를 하는지에 대해서 명확한 목표가 있어야 합니다. 간혹 늦깎이 공부를 하는 사람 중에는 학위를 목적으로 하는 사람이 있어요. 그건 아니라고 봐요. 인생의 전반전을 살았으면 학위가 별 필요 없다는 건 알았잖아요. 이제는 내가 하고 싶은 공부를 해야 합니다. 그래서 밤늦게 책을 봐도 지치지 않고, 주말에

리포트를 써도 즐거울 수 있는 공부를 하셔야 성공할 수 있습니다.

　또한 당장 필요한 공부도 중요하지만 5년, 10년 후를 내다보고 공부를 하세요. 세상은 당신의 느낌보다 두세 배는 빨리 변합니다. 당장 필요하다고 시작하면 이미 늦은 공부가 되고 5년 후 써먹을 수 있을 거라 생각한 공부가 당장 내년에 써먹게 되거든요.

　나이 먹고 공부해본 선배로서 하나 더 조언을 드리면 체력이 정말 중요합니다. 노안이 와서 책도 오래 못 읽겠고, 허리가 아파서 책상에 오래 앉아 있을 수도 없어요. 공부를 위해서는 체력 보강을 함께하세요. 그리고 쓸데없는 고집이 생겨서 귀에 잘 들어오지 않는 수가 많습니다. 귀를 좀 부드럽게 하고 같이 공부하는 젊은 친구들에게 먼저 낮은 포복으로 다가가세요. 먼저 인사도 하고, 먼저 밥도 사주고. 그러면 당신은 멋진 복학생이 되는 거죠. 꼰대처럼 굴다가는 왕따를 당할지도 모릅니다.

　다시 공부를 하겠다는 기특한 생각을 하신 당신께 드릴 게 있습니다. 뜨거운 박수를 보내드립니다.

> 지하철에서 할아버지가 서 계신 걸 뒤늦게 봤는데 화를 내십니다. 어쩌면 좋죠?
>
> Q

>>> 사과는 빨리하는 게 효과적입니다. 벌떡 일어나면서 큰 소리로 말하세요.

"죄송합니다. 제가 할아버지를 못 봤습니다. 꾸짖어주셔서 감사합니다."

그러면 주변의 사람들은 모두 당신을 칭찬할 것입니다. 그리고 비난은 그 할아버지께 쏟아지겠죠. 저는 개인적으로 지하철이나 버스에 빈자리가 있어도 잘 안 앉아요. 균형 감각을 잡으며 운동을 하는 거죠. 지하철이나 버스에는 이렇게 노약자석을 자기 자리인 것처럼 양보하라고 소리치는 어르신들이 계십니다. 속으로 이런 생각이 듭니다.

'저러니까 저 나이에 버스 타고 다니지.'

그렇더라도 그분들에게 양보를 하는 것이 좋습니다. 왜냐하면 내가 편하기 위해서. 억울한 맘이 들더라도 이런 분들에게는 꼬투리 잡힐 말을 하지 마시고 무조건 잘못했다고 사과하세요. 옆에서 보는 사람들은 잘 압니다. 누가 현명한 사람인지.

세상에서 가장 듣기 좋은 말이 '사랑해'인 줄 알았는데 '미안해'라고 하더라고요. 그리고 '미안해'를 쉽게 말하는 사람은 연봉도 높대요. 꽉 막힌 사람들이 꼭 이런 소릴 잘하죠.

"내가 뭘 잘못했다고 그래?"

> 지금 하고 있는 일이 천직인지 아닌지
> 어떻게 알 수 있을까요?
>
> Q

 >>> 당신이 무슨 일을 하는지 모르는데 그게 천직인지 아닌지 어떻게 알 수 있을까요. 그리고 당신이 무슨 일을 하는지 안들 내가 당신을 모르는데 그게 천직인지 어떻게 알 수 있을까요?

그래서 준비한 설문조사가 있습니다. 다음 항목에서 'YES'가 몇 개인지 확인해 보세요.

1. 현재 하는 일을 선택한 것은 나다
2. 내가 일한 기간의 반 이상을 현재 하는 일을 하며 보냈다
3. 일을 할 때 즐겁다
4. 현재 일을 하면서 버는 돈으로 생활이 가능하다
5. 당신이 하는 일을 남들이 부러워한 적이 있다

6. 부모님이 당신의 일에 대해 만족해한다

7. 나의 전공 분야와 관련이 있다

8. 상사나 타인으로부터 이 일을 잘한다고 칭찬받는 편이다

9. 내 자녀에게 이 일을 물려주고 싶다

10. 10년 후에도 계속 남아 있을 직업이다

몇 개 이상이어야 한다는 규정은 없어요. 'YES'가 많으면 많을수록 당신의 일은 천직에 가깝다는 것만 알아 두세요.

> Q. '나'는 사라지고 팀장, 남편, 아버지만 남은 것 같아요. 이 상실감 어쩌면 좋죠?

>>> 나는 누구인가? 이것이 철학의 시작이라고 하더군요. 드디어 철학의 세계에 입문하셨네요. 최근 우리 사회가 문학·역사·철학, '문사철'에 관심을 갖는 이유는 아무리 경제성장을 해봤자 손에 쥐어지는 게 없다는 것을 깨달았기 때문입니다. 그리고 진정한 발전은 '돈'으로 채우는 게 아니라 '정신'으로 채워야 한다는 것을 깨닫기 시작한 것이죠.

그동안 아버지, 남편, 팀장으로 살아오면서 '나'를 잃어버린 것 같아 허전하실 겁니다. 그러나 '나'는 관계 속에서 존재 가치를 얻게 됩니다. 누군가의 아버지, 누군가의 남편, 누군가의 팀장이기 때문에 내가 인정받고, 나의 존재 가치를 느끼며 행복한 것인데 왜 상실감을 느낀다는 것인지 이해가 안 가네요. 상실감을 느끼지 않으려면 홀로 에베레

스트산이라도 올라가야 한단 말인가요? 왜 이제까지 성취한 게 없다고 생각하세요. 한 여자와 결혼에 성공해서 가정을 이뤘고, 사랑스러운 자녀를 뒀고, 한 직장의 팀장까지 되신 분이.

지금 느끼는 외로움, 상실감은 현재의 관계가 만족스럽지 못하기 때문입니다. 주변인과의 관계 회복을 우선적으로 생각하셔야 할 것 같습니다. 주변이나 역사 속 인물 중에 가장 큰 것을 성취했다고 느끼는 사람을 꼽아 보세요. 계백 장군처럼 자기 가족을 칼로 베고 망해가는 나라를 위해 목숨을 바쳐야 성취감을 느끼시겠어요? 저는 가장 쪼다 같은 인물로 계백을 꼽습니다. 나라를 위해, 그것도 망해가는 나라를 위해 자기 가족의 목을 칼로 베어야겠어요?

가족에게 존경받지 못하는 인물은 밖에서 아무리 성공해도 말짱 꽝입니다. 나라에서 훈장을 받는 것보다 아내에게 정성 어린 밥상을 받는 게 더 성취감 있는 일입니다. 아내와의 관계에 더 힘써 보세요. 그러면 내가 남편이라는 사실이 매우 자랑스러울 것입니다. 자식들과의 관계도 사랑으로 충만하다면 아버지라는 사실이 가슴 벅찰 것입니다. 사원들에게 존경받는 팀장이라면 내 자리가 무척 감격스러울 것입니다. 당신은 지금 관계가 끊어져서 이런 고민을 하는 겁니다. 해결책은 사랑뿐입니다.

가족과 대화가 거의 없습니다. 어떻게 풀어갈 수 있을까요?

>>> 내리사랑이란 말이 있죠. 사랑은 항상 위로부터 아래로 흐릅니다. 단절을 푸는 방법도 윗사람이 하기 나름입니다. 자식들이 부모에게 먼저 다가와 대화를 하는 경우는 거의 없습니다. 돈 달라고 할 때를 빼고는. 그러면 어떻게 대화를 시작할지 생각해 보도록 하죠. 대부분 부모 자식 간의 대화는 취조로 시작합니다.

"오늘 뭐 했니?"

"학교에서 공부는 잘했니?"

"왜 늦게 들어왔어?"

취조 당해 보셨어요? 누구나 묵비권을 떠올릴 겁니다. 당연히 아이들의 입은 굳게 다물어지죠. 이럴 땐 리포터 기법을 활용해 보세요. 「6시 내고향」 같은 프로그램에 오래도록 등장하는 리포터들은 그 기법을 알고 있는 거죠. 일반인의 닫힌 입을 열게 하는 기술입니다.

"사과가 참 맛있네요. 그렇죠?"

"네…."

"이곳에 나오니 기분이 어때요?"

"좋아요…."

단답형으로 대답을 하게 만드는 질문은 초보 리포터들이 하는 실수입니다. 베테랑들은 상대방이 자연스레 입을 열도록 질문을 합니다.

"이 마을에 사신 지 50년이 됐다고 하셨는데 마을의 장점 좀 얘기해 주세요."

"마을의 장점은 일단 공기가 좋아요. 좋아도 겁나게 좋아요. 그리고…."

자녀와의 대화에서도 자녀가 관심 있는 분야부터 살살 달래듯 물어봐야 합니다.

"스마트폰 새로 바꾸니까 좋아? 어떤 게 좋은데?"

"이번 주말에 네 옷 좀 사러 가려고 하는데 가장 필요한 게 뭐니?"

이렇게 물어봐도 대답을 안 하는 자녀가 있습니다. 이는 관계가 확실히 단절돼서 말도 섞기 싫은 경우죠. 이럴 때는 다른 방법을 사용해야 합니다. 환경을 바꾸는 거죠. 아이가 운동을 좋아한다면 같이 운동을 해주고, 영화를 좋아하면 같이 극장에 가고, 쇼핑을 좋아하면 백화점을 데려가고, 게임을 좋아하면 PC방이라도 같이 가 줍니다. 그러면 자녀들은 속으로 '애쓴다. 그래 내가 몇 마디는 해줘야지' 하는 심정으로 말을 합니다. 그렇게 비굴하게라도 대화를 시도해야 합니다. 왜? 내리사랑이니까.

그리고 가장 중요한 팁 하나. 대화중에 절대로 '왜'를 사용하면 안 됩니다. '왜'는 아이들을 점점 동굴로 집어넣거든요.

"넌 왜 그렇게 생각하니?", "넌 왜 공부를 안 하니?" 대신에 이렇게 말하는 거죠.

"넌 그렇게 생각하는구나. 내 생각은 이런데⋯."

"넌 공부가 싫은 거니? 사실 나도 그래. 그래도 각자가 해야 할 공부의 양은 똑같아. 먼저 하든 나중에 하든 그 차이지."

대화가 안 되면 자꾸 눈을 마주치고 웃어만 주세요. 이렇게 며칠만 하면 아무리 돌부처라도 웃게 되어 있어요. '피식'이라도. 그 '피식'이 대화의 시발점이 될 것입니다.

혹시 부부간에도 대화가 없나요? 이건 자녀와의 대화를 해결하면 자동으로 해결됩니다. 자녀 문제를 위해 부부가 대화를 하다 보면 소통이 되거든요.

> 가족 모두 시간적 여유가 있을 때
> 무엇을 함께하면 좋을까요?
> Q

>>> 무엇을 하든 함께하면 다 좋습니다. 기왕이면 땀을 흘리는 게 더 좋아요. 함께 고생하다 보면 동질감을 느끼거든요. 가족도 함께 고생했던 가족이 더욱 끈끈한 것처럼요. 그래서 뭐든 함께 땀을 흘릴 수 있는 걸 추천해 드립니다.

호텔보다는 캠핑, 패키지여행보다는 배낭여행이 좋습니다. 시간적인 여유도 많다니까 국토대장정을 해보시면 어떨까요?

돈이 좀 들어서 그런데 제주도 일주도 좋습니다. 저도 대학교 1학년 때, 올레길이 탄생하기 수십 년 전에 제주도를 걸어서 한 바퀴 일주한 적이 있어요. 그때 흘린 땀이 오늘날까지 저의 자양분이 되었습니다.

제주도 한 바퀴. 고고씽~

서먹해진 부모님과 친해질 수 있는 좋은 방법 없을까요?

>>> 부모 자식 간에 서먹해진 집안이 의외로 많습니다. 아예 안 보고 사는 집들도 많아요. 이러다가 부모님 돌아가시면 후회할지도 모른다고요? 아뇨. 살아생전 서먹했던 집안 식구들은 죽어서도 서먹하니까 후회도 안 합니다. 드라마나 영화에서나 눈물 흘리고 그러는 거지, 요즘 현실은 모든 정서가 메말라 버렸습니다. 그래도 당신은 서먹해진 관계를 회복하려고 노력하니 정말 보기 좋습니다. 효자는 아니리도 불효자는 아니군요.

우선 엄마 아빠가 좋아하는 걸 해 드리세요. 그러면 서먹함이 눈 녹듯 사라집니다. 저도 어머니와의 관계가 소원했던 적이 있어요. 인덕대학교에서 가르칠 때였는데, 새로 입학한 신입생들에게 고생하신 부모님을 안아드리라는 숙제를 내줬습니다. 그런데 제 스스로 부끄럽더라고요. 그래서 오랜만에 어머니께 전화를 했더니 어머니의 반응은 어제 전화하고 오늘 또 전화했을 때 받듯이 받으시더군요.

"응, 그래. 밥은 먹었고?"

그다음 날 청량리 롯데 백화점 앞에서 만나기로 했습니다. 만나자마자 어머니를 안아드리고 백화점에서 옷을 사드렸어요. 맘껏 사시라고 하니까 정말 맘껏 사시고 좋아하시더군요. 그러면서 "옷에 맞는 구두가 마땅한 게 없네…" 하시길래 구두도 사드렸어요. 검은색과 베이지색을 놓고 고민하시길래 두 개 다 사드렸어요. 이날의 쇼핑으로 몇 년 동안의 소원한 관계가 해결되더군요. 어머니가 원하셨던 건 쇼핑? 아니죠. 저의 연락입니다.

결론! 소원해진 관계를 푸는 열쇠는 어머니 아버지가 원하는 걸 해 드리는 겁니다. 그걸 못 해 드리면 서먹서먹한 관계는 계속될 것이고요. 물론 당신이 해 드릴 수 없는 걸 원하는 부모도 있을 것입니다. 그래서 관계가 안 좋았던 것이겠죠. 그러면 차선책을 써 보세요.

"꿩 대신 닭 전법!"

원하는 걸 100%는 못 해 드려도 해 드리는 시늉이라도 하면 부모님이 이해해 주시겠죠. 그것도 이해 못 하는 부모는 정말 부모도 아니고.

일단 부모님이 무엇을 진심으로 원하는지 관찰하세요. 알고 봤더니 당신이 어린아이처럼 안겨서 어리광을 떨 듯이 부모님에게 잘못했다고 사과하는 걸 원할 수도 있어요. 이런 경우는 얼마나 쉽습니까. 돈도 안 들잖아요. 옛날에 자주 하던 건데 뭐가 어려워요. 그분들 품에서 발가벗고 똥오줌 싸던 자식인데 뭐가 부끄럽습니까? 의외로 부모와 자식 간의 벽은 습자지 같아요.

오늘 당장 부모님께 연락을 해서 자세히 알아보세요. 부모는 나에게 무엇을 원하는지. 연락, 그 자체일 수도 있어요.

부모님에 대한 애틋함이 더 커집니다.
어떻게 추억을 공유할 수 있을까요?

Q

>>> 사람들에게는 각자 추억의 통장이 있습니다. 자신이 늙었는지 아직 젊은지를 알 수 있는 방법은 이 추억의 통장을 확인해 보면 됩니다. 젊은 사람은 저축을 하고 나이가 든 사람은 출금을 많이 합니다. 당신이 부모님과 추억을 쌓으려는 걸 보니 젊게 사는 분이군요. 당신이 부모님과 추억을 공유하려는 맘은 지갑에 든 돈을 부모님 주머니에 슬그머니 넣어주는 아름다운 모습입니다. 그럼 이제부터 부모님과의 추억 쌓기를 시작해 볼까요?

첫째, 고향 찾기 여행.

당신이 태어났던 집을 찾아가는 여행을 떠나보세요. 이미 그 자리에는 아파트가 들어섰을 수도 있지만 다른 어떤 여행지나 관광 명소에

서보다 부모님과 나눌 이야기가 많습니다. 태어난 동네, 병원, 시장을 다니면서 얼마나 많은 시간이 흘렀는지를 확인할 수 있고, 혹시 변하지 않은 것을 발견한다면 정말로 감격스러운 여행이 될 것입니다. 저는 동대문구 용두동에서 태어났는데, 여기를 부모님과 함께 차로 돌아보며 어릴 적 이야기를 나눌 수 있었습니다. 지금도 잊혀지지 않는 추억이 되었습니다.

둘째, 예전에 들렀던 맛집 찾기.

방송이나 인터넷에 소개되는 맛집을 찾아가는 것도 좋지만 예전에 부모님과 함께 들렀던 맛집으로 여행을 떠나보세요. 음식 이야기뿐만 아니라 옛 추억도 함께 떠올릴 수 있습니다. 오래된 추억에 새로운 추억을 덧칠하니 얼마나 좋겠습니까.

셋째, 사진 정리.

집집마다 사진 정리가 잘 안 돼 있는 경우가 많습니다. 그래서 오래된 사진첩을 다시 정리해보는 것입니다. 부모님과 사진을 보면서 날짜별, 행사별로 구분해서 스캔을 하면 언제든지 디지털액자나 스마트폰으로 옛 사진을 가까이, 자주 볼 수 있습니다. 사진 한 장에 얽힌 이야기가 무척 많을 걸요.

넷째, 추억의 박물관 방문.

요즘 주변을 찾아보면 추억의 박물관이 많습니다. 예전에 사용하던 추억의 일상 소도구를 보면서 반나절을 함께 보내면 참 좋습니다. 특히 이 시대를 살아온 부모님들은 남겨주고 갈 이야기가 많아서 이제까지 한 번도 하지 않았던 이야기를 많이 해주실 것입니다. 그 이야기를 잘 간직했다가 우리 자녀들에게도 다시 해주면 추억은 세대를 넘어 이어질 것입니다.

다섯째, 새로운 추억 만들기.

부모님을 이제까지 접해보지 않으셨던 퓨전 음식점, 신세대 데이트 코스 등으로 모셔가 보세요. 어르신들이라고 예전 것만 좋아한다는 편견은 금물. 당신도 나중에 자식들에게 그런 취급 당하면 무척 서운할 테니까요. 당신의 자녀들도 꼭 데리고 가세요. 그리고 꼭 보여주세요. 당신이 얼마나 부모님을 극진히 모시는지. 아이들은 보고 배우거든요. '오늘'도 내일이 되면 추억이 됩니다. 부모님의 건강은 하루가 다르게 변해가고요. 내일보다는 오늘이 추억 여행을 떠나기 좋은 날입니다.

> 딸아이 성적이 좋지 않아 걱정입니다.
> 걱정을 없애는 좋은 방법 없을까요?
>
> Q

>>> 두 가지 방법이 있네요. 점수를 올리거나, 기대를 낮추거나. 어느 쪽이 쉬울까요? 당연히 후자가 쉽죠. 그러나 그렇게 하기 싫으니까 고민이 되는 것이죠. 이 문제는 딸이 풀어야 할 고민입니다. 당신이 왜 막막한지 모르겠네요.

이처럼 우리나라 부모들은 아이들의 인생을 자신들이 살고 있습니다. 딸의 입장에서 보면 자기 인생을 강탈당하는 거죠. 그냥 담담하게 딸에게 말하세요. 제가 처음에 했던 이야기를.

"딸아. 두 가지 방법이 있단다. 점수를 올리거나, 기대를 낮추거나. 네가 결정하렴."

그러면 딸은 열을 받을 겁니다. 뭐 이런 부모가 있나 해서. 그러면 일단은 성공입니다. 가장 강력한 에너지는 '열'이거든요. 그래서 열공을 해 성적이 높아지면 좋고, 만약 후자를 선택하더라도 자신의 선택이니까 후회는 없을 것입니다.

제 경우는 후자를 선택했습니다. 그래서 제 점수에 딱 맞는 '연극영화과'에 입학했고 지금까지도 잘 살아오고 있습니다. 저는 제 선택에 한 번도 후회한 적이 없어요. 만약 부모님의 뜻에 따라 다른 과를 가서 다른 삶을 살았다면 평생 부모를 원망하며 살았을 겁니다.

내려놓으세요. 자식이 어딜 가든 부모가 뭔 상관입니까. 저도 부모가 되어 보니까 자식에게 자기 인생을 맡긴다는 게 얼마나 힘든 것인지 알겠더라고요. 그래도 저는 선언을 했어요.

"야 이 자식아, 네 맘대로 살아라. 이노무 자식아!!!"

제 아들도 본인의 선택에 따라 지난 학기에 전공을 바꿔서 새롭게 시작했는데, 그 선택이 옳은 것인지 아닌지는 몇 년, 아니 몇십 년 뒤에 판가름 나겠죠. 그래도 저는 벌써부터 만족합니다. 자신의 길을 자기가 선택했다는 것만으로도.

만약에 따님이 기대를 낮춰서 비인기 학과에 가더라도 그 학과가 10년 뒤 인기 학과가 될지 어떻게 압니까. 비록 학교가 인기 있는 곳은 아니더라도 거길 다니다가 좋은 남자를 만나서 행복한 결혼 생활을 할지 어떻게 압니까. 일류 학교, 인기 학과를 가야만 인생이 편하고 행복할 것이라는 착각은 버리세요. 그럴 확률은 높을 수 있지만 인생은 확률대로 되지는 않더라고요. 따님이 원하는 곳에 입학하기를 기원합니다. 아드님에게도 미리 말해 놓으세요.

"점수를 올릴래, 기대를 낮출래? 네 맘대로 해라."

부모님(시부모님, 장인장모) 생신 선물로는 뭐가 좋을까요?

 >>> 돈!!

남편이 야한 동영상을 많이 봅니다.
어떻게 끊게 할 수 있나요?

Q

>>> 인터넷 선을 끊으세요. 그러면 와이파이로 보겠죠. 그렇다면 이렇게 말해보세요.

"자기야, 그렇게 좋아? 그렇게 좋은 거면 나도 좀 보자."

그리고 함께 감상하면서 감탄사를 날리는 겁니다.

"어머머… 저런 자세가 가능해? 어머… 저거 컴퓨터 그래픽으로 만든 거지? 저렇게 클 수가 있어? 당신이랑은 많이 차이가 나네. 어쩜… 저 남자 정말 몸 좋다."

그러면 당장 야동과 작별할 것입니다. 간혹 동영상에서 본 대로 실습해 보려는 변태들도 있습니다. 그러면 이렇게 말하세요.

"여보, 저 여자들은 돈 받고 하는 거야. 나도 그럼 돈 줘. 그리고 저렇게 똑같이 해야 해. 두 시간 동안."

그래도 효과가 없다면… 아래 내용을 남편에게 그대로 말해 보세요.
"여보. 당신이 야한 동영상을 볼 때면 나는 이런 느낌이 들어. 내가 당신에게 육체적인 만족을 주지 못하고 있구나…. 나에게 문제가 있다면 솔직히 말해 줘. 그러나 당신이 진짜 여자를 몰라서 그런가 본데, 여자는 사랑받고 있다고 생각할 때 정말 행복해지면서 육체적으로도 남자를 만족시켜 주는 거야. 그런데 당신이 야동을 볼 때면 나는 당신이 저런 여자들과 바람을 핀다는 생각이 들기 때문에 당신에게서 점점 멀어져 간다고. 나를 정말 사랑한다면 야동보다는 나를 만족시켜 줘. 우리는 부부야. 정신적으로나 육체적으로나 함께 만족하고 영원히 행복하게 살아야지. 당신이 나보다 야동을 더 사랑한다고 생각하니까 점점 나는 당신에게 버림받는 느낌이야. 여보, 우리 다시 사랑하면 안 될까?"

남편은 아내와의 관계가 멀어지면 멀어질수록 다운받은 야동 수가 늘어나고 가까워지면 가까워질수록 다운받은 야동을 지우게 되죠. 마지막으로 반가운 소식 하나 전해 드릴게요. 그나마 다행인 줄 아세요. 다운받은 야동 숫자 대신에 애인 숫자가 늘어나는 남편도 있거든요.

무뚝뚝한 시댁 식구들 어떻게 대해야 할까요?

Q

>>> 안타깝군요. 당신이 어떻게 대하든지 그들은 안 변합니다. 아마 당신이 변할 것입니다. 무뚝뚝하게. 그러니 시댁 식구 걱정하지 마시고 당신이 변하지 않을 방법을 찾아보세요.

이해하기 힘드시겠지만 시댁 식구들은 그렇게 무뚝뚝한 게 편할 겁니다. 이웃들은 당신이 말도 잘하고 상냥하고 싹싹하다고 말할지 모르지만, 시댁 식구들 눈에는 수다스럽고 요망스럽고 가식적으로 보일지도 모릅니다. 이제 당신이 선택할 길은 두 갈래입니다.

첫째, 무뚝뚝한 시댁을 위해 더욱더 친절해질 것.

그렇게 몇 년 고생하다 보면 시댁 식구들이 당신에게 마음의 문을 열어서 그 무뚝뚝함이… 절대로 사라지지 않는다니까요. 오히려 당신은 이런 오해를 받을지도 모릅니다.

'재산을 노리고 저렇게 친절한 척하는 건가?'

둘째, 시댁 식구들처럼 무뚝뚝해질 것.

어쩌면 이게 빠르고 효과적일 수도 있습니다. 그러나 당신이 불편하겠죠. 이러지도 저러지도 못하는 당신이기에 지금 이렇게 고민이 되실 겁니다. 가장 좋은 방법은 남편과 상의를 하세요.

"여보, 내가 어쩌면 좋을까?"

그래서 남편이 하라는 대로 하세요. 왜냐하면 당신은 시댁과 결혼한 게 아니라 남편과 결혼한 것이기 때문에. 그래도 언젠가는 시댁 식구에게 좋은 소리는 못 들을 겁니다. 왜냐하면 그게 시월드의 룰이니까요. 다만 남편한테서 좋은 소리를 듣게 되잖아요. 내 편이 한 명만 있으면 되는 겁니다. 그게 남편이어야 하고요. 시댁 식구처럼 당신도 진짜로 무뚝뚝해지라는 것은 아닙니다. 왜냐하면 그렇게 변하면 또 이런 소리를 듣습니다.

'첨에 우리에게 잘했던 것은 가식이었구먼.'

그러니까 시댁 식구들에게는 계속해서 말도 잘하고 상냥하고 싹싹하게 구세요. 사실 그렇게 사는 게 좋은 거잖아요. 다만 시댁 식구들이 불편하지 않도록 수위 조절을 하시란 말입니다. 무뚝뚝함과 친절함의 중간 정도?

결론적으로 누가 뭐라고 해서 바뀌지 말고 당신이 하고 싶은 대로 하세요. 시댁 식구들이 무뚝뚝해서 당신에게 표현은 안 하겠지만 무뚝뚝한 곰 같은 며느리보다는 상냥하고 곰살맞은 며느리를 더 좋아하는 건 사실이에요. 시댁 식구들도 표현하는 기술이 부족해서 무뚝뚝해 보이는 것이지 맘은 따뜻한 분들일 겁니다.

> 반대를 무릅쓰고 결혼한 남편이 외도에 이혼요구까지. 받아들이기 힘듭니다
>
>

>>> 이혼을 왜 받아들이기 힘든지 본인도 잘 아시죠? 내 실수를 인정하기 싫은 겁니다. 지금 하셔야 할 일은 부모님을 찾아가서 사실대로 털어놓는 게 급선무입니다.

"엄마, 이 서방이 바람을 피웠어. 게다가 이혼까지 하자고 하네. 어쩌지 엄마?"

그랬을 때 "거봐라, 내가 뭐랬니. 내가 이럴 줄 알았다"라고 말하는 부모는 빵점짜리 부모입니다. 진짜 제대로 된 부모라면 딸에게 이렇게 말해야 정답이죠.

"얼마나 고생이 많았니. 어떻게 해야 좋을지 엄마도 생각해 볼게."

우리나라 남자들은 이혼을 꺼리는 편입니다. 왜냐하면 이혼을 했다는 것이 사회적으로 불리하게 작용하거든요. 어떤 회사는 임원으로 진

급도 안 된대요. 그래서 바람이 나더라도 남자들은 가정으로 돌아갈 생각을 합니다. 여자들은 가정을 포기할 생각까지 하죠. 그래서 바람이 나면 여자가 더 무섭대요. 그런데 댁의 남편이란 작자는 이혼을 요구하는 걸 보니 진짜로 그 여자에게 빠진 게 분명하네요. 그러다가 다시 정신 차리고 돌아오는 경우도 있지만 다시 돌아와도 언젠가는 나갈 놈입니다.

그러니까 쿨하게 이혼하세요. 부모가 반대하는 결혼을 했기 때문에 억지로 참으면서 결혼 생활을 유지한다? 그걸 부모가 바랄까요? 아닙니다. 잘못된 결혼은 빨리 끝내는 게 좋습니다. 시작부터 잘못 끼워진 단추였으니까요. 그래서 부모가 반대하는 결혼은 하는 게 아닌 겁니다. 부모를 설득해야 하는 거죠.

혹시 아이들이 있나요? 아이들 때문에라도 참고 살라는 말들을 하는데 그건 당사자가 아니라서 하는 소리입니다. "난 너희들 때문에 참고 살았다"는 소리를 입에 달고 살던 엄마에게 딸이 그랬다는군요.

"누가 이혼하지 말라고 했어? 나 때문에 참고 살았다는 말은 제발 그만해!"

그러니까 남편에게 받아낼 것은 최대로 받아내고서 이혼하는 것이 좋겠다는 생각입니다. 참아 봤자 당신만 아파요. 부모님 생각하지 말고 당신 생각부터 하세요.

> 결혼엔 욕심을 버리게 되었는데요.
> 결혼, 그거 꼭 해야 하나요?
>
> **Q**

 >>> 욕심을 버리는 방법을 알고 계시나요? 그렇다면 이미 당신은 해탈의 경지에 도달하셨군요. 저에게도 가르쳐주십시오. 욕심 버리는 방법을.

사실 그게 잘 안 되죠. 부처님도, 예수님도, 공자님도 그걸 버리려고 그 고생을 하셨잖아요. 인간은 절대 욕심을 버릴 수가 없어요. 딱 하나의 방법이라면 해당 대상에 질려버려야 욕심이 사라지죠. 돈에 대한 욕심을 버리려면 돈이 질리도록 많아서 고생해 봐야 하고, 결혼에 대한 욕심을 버리려면 결혼을 아주 많이 해서 결혼이라면 이가 갈릴 정도로 질려야 가능합니다.

그러니까 당신이 결혼도 안 해보고 자연스레 결혼에 대한 욕심을 버렸다는 말은 거짓말이죠. 아마 살다가 멋진 남자(여자)를 만나거나 행복한 가정을 보면 결혼하고 싶다는 욕심, 욕망, 욕구가 용솟음칠 걸요. 지금도 본인의 질문을 들여다보세요. 결혼을 꼭 해야 하냐고 물어보잖아요. 그것은 당신이 결혼을 하고 싶다는 확실한 반증이거든요.

저는 작가라서 그런지 그 사람의 글을 보면 글쓴이가 보여요. 이 책에 나온 질문들을 유심히 들여다보면 고민도 보이고 해결책도 보여요. 고민을 가진 사람들은 이미 해결책도 갖고 있다는 뜻이거든요. 그 해결책이 하나가 아니라 두 가지 이상이라서, 선택을 못 해 고민할 뿐인 거죠. 제 대답은 결혼 그거 꼭 하세요. 그래야 욕심도, 미련도, 고민도 사라집니다. 이솝이야기 하나를 소개해 드리죠.

굶주린 여우가 어느 날, 많은 포도송이가 잘 익어 매달려 있는 포도밭으로 몰래 숨어들었다. 그런데 불행하게도 포도송이는 너무 높아서 여우에게는 닿기 어려울 만큼 높은 시렁 위에 매어져 있었다. 여우는 어떻게든 거기에 닿아 보려고 훌쩍 뛰고, 잠시 쉬었다가 다시 훌쩍 뛰었다. 하지만 모두 헛일이었다. 마침내 여우는 완전히 지치고 말았다. 그리하여 여우는 외쳤다.
"아무나 딸 테면 따라지. 저 포도는 시단 말이야."

여기서 포도가 뜻하는 게 뭔지 잘 아시겠죠? 여우는 포도에 대한 욕심을 버리기 위해 '신' 포도라고 주장합니다. 그런다고 포도에 대한 욕심이 사라질까요? 결국 여우가 해야 할 행동은 발판을 마련하든 막대기를 동원하든, 그 포도를 따서 맛을 봤어야 하는 겁니다. 신지 단지는 먹어 봐야 아니까요. 진짜로 신 포도였다면 여우는 포도에 대한 욕심을 버리겠죠.

결혼도 마찬가지입니다. 해보세요. 어떤 난관이 있어도 꼭 해보세요. 조지 버나드 쇼도 이렇게 말하지 않았습니까.

"결혼은 해도 후회, 안 해도 후회. 그럴 바에는 하고서 후회하자."

그러면 현실적 고민이 가로막겠죠. 나에게는 결혼을 방해하는 조건이 너무 많아. 많아도 너~무 많아. 그런데 다행스러운 건 결혼은 혼자 하는 게 아니라는 거죠. 지구 상 이 넓은 땅 위에 당신과 똑같은 고민을 하고 있는 사람이 어딘가에 있다는 것입니다. 같은 고민을 서로 나누다 보면 그 해결책을 찾을 수도 있고. 당신에게 없는 것을 상대방이 갖고 있어서 손쉽게 해결할 수도 있고.

결혼을 포기하는 사람은 한마디로 게으르고 나태하고 소심하고 바보 같은 사람들뿐입니다. 방금 전 제 말에 열 받으셨나요? 그렇다면 당신은 정말로 게으르고 나태하고 소심하고 바보 같은 사람이란 뜻입니다. 원래 진실은 가슴을 후벼파거든요. 맘을 한번 고쳐먹고 노력해 보세요.

남들과 비교하지 않고
사는 방법 좀 알려주세요

>>> '위를 보지 말고 아래를 보고 살라'는 말이 있습니다. 헬리코박터 박사님은 항상 위를 보고 살아야겠지만 우리는 아래를 보고 사는 게 좋습니다. 그러면 비교를 하더라도 그렇게 기분이 나쁘지는 않을 것입니다. 근본적으로 비교하지 않고 사는 방법은 없어요. 왜냐하면 우리나라에 태어나는 순간부터 우리는 비교되며 자라왔거든요. 그런데 이제 와서 비교하지 않고 사는 방법을 배운다는 게 가능하겠어요? 오히려 비교를 하더라도 건강하게 하는 법을 배우는 게 빠릅니다.

왜 우리는 비교를 할까요? 불안하기 때문입니다. 다른 사람에게 뒤처지면 안 된다는 생각을 하는 거죠. 그런데 뒤처지는 게 꼭 나쁜 건 아니더라고요. 어릴 때 하던 놀이 중에 이런 게 있었어요. 앞에 가는 아이가 이런 노래를 부르죠.

"앞에 가는 사람은 선생, 뒤에 가는 사람은 학생."

그러면 뒤따라가던 아이가 이런 노래를 부르죠.

"앞에 가는 사람은 도둑놈, 뒤에 가는 사람은 경찰."

앞에 가는 게 꼭 좋은 게 아니라는 걸 이렇게 배웠던 거죠. 비교는 하되 내가 뒤처졌다고 좌절하지는 말라는 뜻입니다. 학교 다닐 때 비교하던 성적. 그 성적대로 사회에서 성공하던가요? 행복하던가요? 취

직해서 비교하는 직급이나 연봉. 빨리 승진할수록 빨리 은퇴해야 한다는 걸 모르시나요? 회사에서 돈을 많이 받는다는 건 그만큼 회사에서 주는 압박이 크다는 것이겠죠.

한동안 저도 제 외모에 대해서 다른 사람과 비교를 했더랬죠. 그러나 이제는 확실히 압니다. 내가 잘생겼더라면 지금처럼 코미디 작가로, 강사로, 베스트셀러 작가로 살 수 있었을까? 당연히 아니죠. 못생겼다고 생각한 외모 덕분에 말발이라도 키웠으니까요.

비교하세요. 그래서 가끔은 자극도 받고, 새로운 길도 모색하세요. 그러나 비교치가 낮다고 스스로 자존감을 낮추지는 마세요. 비교해서 스스로 비참한 사람은 자존감이 낮기 때문입니다. 당신의 자존감을 높이면 남들과 비교했을 때 상처 입는 일은 없습니다.

어떻게 하면 자존감을 높일 수 있을까요? '이 세상에 나 혼자뿐'이라는 걸 깨달으면 됩니다. 명품이 왜 짝퉁보다 수십 배 비싼지 아세요? 명품은 어떤 걸 베끼지 않았는데 짝퉁은 베꼈거든요. 당신도 누구의 짝퉁이 아니라 명품이란 사실을 깨달으셔야 합니다. 당신은 위대한 존재입니다.

> 책 읽을 시간이 부족합니다.
> 속성으로 하는 독서법 따로 있나요?

Q

>>> 책을 읽으라고 하면 시간이 없어서 못 읽는다는 사람이 많습니다. 그러면 밥 먹을 시간이 없을 때는 굶나요? 물론 굶을 수도 있지만 계속 굶지는 않잖아요. 삼각 김밥이나 라면으로 때울 때도 있잖아요. 책도 마찬가지입니다. 시간이 없을 때는 자투리 시간을 이용하는 겁니다.

매일 2시간짜리 라디오 원고를 쓰고, 한 달에 30번 이상 특강을 나가고, 매주 2군데 이상의 칼럼을 쓰고, 그러면서 일주일에 3번씩 삼성동에 있는 대학교에 강의를 나갈 때의 일입니다. 도저히 책 읽을 시간이 없더라고요. 그래서 영등포구청역에서 삼성역까지 지하철을 타고 가면서 40분 동안, 왕복 80분 동안 책을 읽었습니다. 그랬더니 3일에 한 권씩 읽게 되더라고요. 지하철 탈 때 자세히 보세요. 한 칸에 책 읽는 사람이 한두 명 있을까 말까 하죠. 전부 스마트폰을 보거나 뭔가를 듣고 있습니다. 대부분 음악이나 게임에 시간을 투자하죠. 아니면 눈 감고 자든가. 피곤해서 책을 못 읽는다고요? 어차피 지하철에서 보내는 시간은 똑같은데 그걸 어떻게 활용하느냐에 따라 중년 이후에 지하철 노약자석으로 가느냐, 기사 딸린 자가용을 타느냐가 결정됩니다.

책 속에 분명 길이 있습니다. 읽으면 나의 길, 안 읽으면 너의 길. 제가 쉽게 책과 친해지는 방법을 알려드릴게요.

1. 가장 가까이 있는 책을 집어라. 무슨 책이든 좋다. 책이란 책은 전부 존재 가치가 있다.
2. 읽든 안 읽든 들고 다녀라. 당신이 스마트폰을 손에서 떼지 못하듯이 들고 다녀라.
3. 자투리 시간이 날 때 읽어라. 지하철에서, 엘리베이터에서, 화장실에서. 멍때리는 시간에도. 인생에서 멍때리는 시간을 잘 활용하면 책을 수백 권 읽을 수 있다.
4. 첫 페이지를 읽어도 눈에 잘 안 들어오면 그 책을 집어던져라.
5. 다른 책을 집고 역시 한 페이지만 읽어라.
6. 그러다가 눈에 들어오는 책은 끝까지 읽는다.
7. 이렇게 해도 책을 안 읽게 된다면… 지하철 노약자석에서 생을 마감할 것이다.

> 버스 안에서 30분 넘게 통화하는 사람, 어떻게 말해야 민망하게 만들까요?
>
> Q

>>> 저와 비슷한 분을 만나서 반갑습니다. 저는 옆에서 3분만 통화를 해도 거슬려요. 이렇게 말하면 상대가 민망해질 겁니다.

"이게 시내버스인 줄 알았는데 전세 버스였구먼. 차를 전세 냈나, 30분 동안 전화를 하고 말이야…"

그러나 이렇게 말하는 순간 그 사람과 싸울 각오를 하셔야 합니다. 그래서 저는 이런 말을 속으로만 해요. 대신 귀에 이어폰을 꽂고 큰 소리로 음악을 듣습니다. 비겁하다고요? 좀 비굴해지면 사는 게 편하거든요. 그런데 만약 다른 승객들이 무언의 지지를 보낸다면 한마디 할 수 있겠죠. 바로 옆에 그 사람이 있을 경우는 직접 이야기를 합니다. 실제로 진주에서 서울로 오는 고속버스에서 20대 후반의 여성이 30분 이상 큰 소리로 통화를 하더라고요. 그래서 제가 이렇게 말했죠.

"죄송하지만 밖에 나가서 통화 좀 해주실래요?"

그랬더니 다른 승객들은 속이 시원하다는 반응이었는데 그 여자분의 반응이 상상을 초월하더라고요. 전화기에 대고 이렇게 말했습니다.

"야, 웃긴다. 나보고 밖에 나가서 통화를 하래. 딴 사람은 가만있는데. 나 참, 지가 뭐라고."

버스에서 30분 이상 통화를 하는 사람들은 아무래도 별종이니까 이런 반응을 예상하셔야 합니다. 그때 앞에 앉은 할아버지가 "이봐, 아가씨. 너무하는 거 아냐? 당신 때문에 다들 짜증 나 있다고. 여러분 안 그래요?"라고 말하자 모든 승객이 "네"를 외치더군요. 그제서야 그 여자는 전화를 끊었습니다. 그 할아버지가 아니었다면 저는 완전히 새될 뻔했어요. 그러니 웬만하면 거슬리는 꼴을 보더라도 눈 감고 귀 막고 입 닫고 그렇게 사세요. 그러나 도저히 참을 수 없을 때는 용기를 내서 이렇게 해보세요. 전화를 들고 이렇게 큰소리로 말하는 겁니다.

"거기 경찰서죠? 버스에서 통화를 30분 이상 하는 사람을 패면 감방 가나요? 아직 팬 건 아니고요. 전화를 안 끊으면 그렇게 할라고요."

"아저씨(아줌마), 제가 택시비 드릴 테니까 택시 타고 가면서 맘대로 통화하세요. 네?"

"저 아저씨(아줌마)가 계속 통화하는 데 찬성하시는 분 박수 쳐 주세요. (침묵) 그러면 끊었으면 좋겠다하시는 분 박수 쳐 주세요. (박수)"

그래도 제가 가장 추천해 드리는 것은 이어폰입니다. 30분 이상 버스에서 통화하는 사람은 누가 무슨 얘기를 해도 귀에 안 들어온다는 거니까요.

> **Q** 남친 스펙 때문에 부모님이 결혼을 반대해요. 야반도주라도 해야 할까요?

>>> 2년만 결정을 미뤄보세요. 30대면 1년 후, 20대면 2년 후에 결정하세요. 왜냐하면 어느 결정이 맞는지 확인하는 데 2년이란 세월이 필요하거든요. 부모가 결혼을 반대하는 경우 어떻게 하는 게 좋을까를 고민하는 청춘이 많습니다. 그런데 부모님은 남친보다 더 오랜 세월 당신을 옆에서 지켜보며 사랑했던 사람입니다. 그분들의 판단을 무시하지는 마세요. 그렇다고 언제까지 부모님에게 나의 인생을 맡길 수는 없고. 그래서 2년간 결정을 유예하라는 것입니다.

그 후에도 남친과 결혼해야겠다는 생각이 들면 그렇게 하십시오. 2년 동안 기다리면서 남친은 스펙 쌓기를 하세요. 부모님의 맘에 들도록 노력하면서 2년을 보내시라는 겁니다. 그러면 부모님의 축복을 받으면서 결혼식을 올릴 수 있습니다.

만약 2년이 지났을 때 남친과의 관계가 소원해진다면 잘된 겁니다. 이혼을 이별로 막은 셈이니까요. 사랑은 유효기간이 1년 반이라고 합니다. 그 시기가 지나서도 그 사람이 사랑스럽다면 앞으로도 계속해서 행복한 결혼 생활을 유지할 것입니다.

다만 결혼이 2년간 미뤄지는 데 따른 손해는 어떻게 할까요? 음, 별로 손해 볼 건 없네요. 2년간 어떻게 보내느냐가 중요하죠. 결혼은 당장 못 해도 사귀는 동안 결혼 준비를 하세요. 데이트 비용의 일정 부분을 저축한다든가, 미리 서로의 장단점을 맞춰본다든가, 예비 신랑 신부로서 할 수 있는 일은 찾아보면 많거든요. 반대하는 결혼을 하지 말고, 그것도 당신이 풀어야 할 숙제라고 생각하며 2년 동안 해결되도록 노력해 보세요.

그리고 이건 보너스로 말씀드리는데, 여자 나이 2살 더 먹으면 부모의 반대가 수그러들게 돼 있어요. 지금 당장 부모님께 말씀드리세요.

"부모님이 반대하는 결혼은 하면 안 되겠다는 생각이 들어서 결혼은 몇 년 뒤로 미루기로 했어요. 그동안에 ○○ 씨가 두 분 맘에 들도록 노력한다고 했으니까 지켜봐 주세요."

> 사춘기를 6년째 앓고 있는 아들에게
> 무엇을 어떻게 해줘야 할까요?
>
> Q

>>> 사춘기를 6년째 앓는 게 아니라 성격이 원래 그런 건 아닐까요? 어쨌든 어려움 속에 사시는 당신께 위로를 먼저 드립니다. 얼마나 힘드셨을까 그림이 그려집니다. 제 친구 중의 한 명도 자식이 중학교 때부터 고등학교 때까지 속을 썩고 있거든요. 해볼 수 있는 방법은 다 해봤다고 합니다. 그런데 결국은 본인이 깨닫기 전에는 절대로 고쳐지지 않는다고 하더군요. 그러면 어떻게 아들 스스로 깨달을 수 있을까요? 다행히 당신의 아들이기 때문에 당신이 그 해답을 가장 잘 알고 있습니다. 본인 스스로를 돌아보세요. Like father, like son.

최근 강의가 끝나면 따로 연락해 오는 아버님들이 많습니다. 자녀 문제로요. 왜 이전 세대 아이들보다 요즘 아이들이 성장통을 심하게 앓고 있을까요? 그 이유는 바로 부모 탓입니다.

부모가 힘들게 살아왔을 경우, 그 고통을 자녀들에게 물려주지 않으려고 모든 상황에서 오냐오냐하며 키웁니다. 어려움을 모르고 자란 아이는 참을성도 없고, 예의도 없고, 결정도 자기가 못 하고, 목표도 없고…. 그래서 자꾸만 반항을 합니다.

반대로 부모가 힘들지 않게 살아왔을 경우, 자신의 자녀들도 편하게 키워지기 때문에 무척 나약하게 성장하게 됩니다. 그러다가 자기 정체성을 찾아가는 사춘기가 되면 무엇을 해야 할지 몰라 방황을 합니다. 한마디로 목표가 없는 거죠. 더구나 부모가 모든 걸 결정하며 키웠기 때문에 아이들은 몸만 성장했지 정신세계는 유치원 때를 떠나지 못하고 있습니다. 그날 입고 갈 옷까지 부모가 챙겨주는 등 모든 걸 결정해주다 보니까 자녀들에게 결정할 수 있는 힘이 사라진 것입니다. 하물며 부모의 결정이 대부분 탁월하기 때문에 아이들은 뭐라고 반발도 못 합니다.

이런 식으로 성장한 아이들은 사춘기가 계속되는 거죠. 서른, 마흔이 넘도록 자기 부모 밑에서 생활하는 사람들이 바로 그들입니다. 그럼 과연 이들을 어떻게 성인으로 만들 수 있을까요?

작은 것부터 스스로 선택하게 만드세요. 무엇을 입을지, 먹을지, 할지, 차근차근 선택하도록 도와주세요. 도와주는 방법은 참견을 안 하는 것뿐입니다. 부모가 도와주면 빠르고 효과적으로 해결되겠지만 자녀를 바보 만드는 지름길이죠. 좀 멀고 몇 차례 실수가 있을 수 있지만 자녀가 알아서 처리하도록 그냥 지켜봐 주세요. 당신의 자녀니까 언젠가는 꼭 올바른 선택을 할 것이란 믿음을 가지세요.

또 다른 방법은 자녀의 몸을 혹사시키는 것이죠. 그렇다고 해병대 캠프나 문제 많은 국토 횡단을 시키라는 것은 아닙니다. 종교가 있다면 선교 여행이 좋습니다. 땀 흘리는 봉사 활동을 보내도 좋습니다. 자식만 보내면 안 되고 꼭 부모가 동행해서 함께 땀을 흘려야 합니다. 그래야 변화가 시작됩니다.

자녀에게 다음 세 가지를 실천하게 만들면 문제는 의외로 쉽게 해결됩니다.

1. 항상 웃자
2. 눈을 보고 큰 소리로 말하자
3. 먼저 인사하자

그러니까 항상 웃으면서 큰 소리로 인사하는 아이로 만들면 사춘기는 자연스럽게 탈출할 수 있습니다. 이 습관이 바로 성공으로 가는 지름길이기도 합니다.

아이를 달달 볶아서 외고를 보내는 것이 아이를 위하는 일일까요?

>>> 만약 부모님이 당신을 달달 볶아서 좋은 대학에 가라고 했다면 어땠을까요? 서울대에 들어간 학생들과 대화를 나눈 적이 있습니다. 한 학생이 그러더군요.

"저는 제가 공부를 잘해서 여기 들어온 줄 알았는데 와서 보니까 부모님 덕분에 제가 합격했더라고요. 강남에서 저를 키우셨고, 좋은 학원에 보낼 돈을 벌어 주셨고, 공부 잘하는 유전자를 물려줬기 때문에 제가 서울대에 합격할 수 있었던 것 같습니다."

그러니까 아이를 달달 볶아서 외고에 보내면 나중에 그 아이가 부모님에게 고마워할 수 있을 겁니다. 그러나 만약 합격을 했더라도 이렇게 말하는 아이도 있을 것입니다.

"합격했으니까 됐죠? 이제 속이 시원해요?"

실제로 이렇게 말한 한 여학생이 자살한 사건이 있었습니다. 1등 하라는 시달림에 전교 1등을 한 여고생이 목숨을 끊었다는 기사를 봤죠. 그러니까 아이를 달달 볶기 전에 내 아이는 과연 어떤 아이인지 잘 관찰해 보세요.

'아이는 민주적으로 자기 스스로 자기의 길을 찾아 가도록 자율적으로 길러야 해.'

이게 정답이겠지만 돌이켜 보면 10대 아이들이 세상에 대해, 자신에 대해 알면 얼마나 알겠습니까. 그래서 일정 부분 부모의 닦달이 필요하다고 생각합니다. 그러나 받아들이는 아이가 어떤 아이냐에 따라서 결과는 180도 달라집니다.

제대로 걷지도 못하는 아이에게 스케이트를 신겨서 일 년 열두 달 아침부터 얼음판 위에서 피겨스케이팅을 시켰습니다. 그래서 그 아이가 세계 정상에 올랐다면 우리는 박수를 보내며 부러워하겠죠. 그렇게 아이를 기른 엄마에게 훌륭한 엄마상도 주며 칭찬을 하겠죠. 그런데 그 아이가 스케이트 타는 걸 스스로 즐겼다면 엄마에게 고마워하고 자신의 영광을 누리며 살겠지만, 만약 그 아이가 엄마의 강요에 의해 억지로 스케이팅을 했다면 과연 행복한 인생이라고 누가 말할 수 있겠습니까. 그러니까 외고를 보내는 것도 좋고, 좋은 대학에 보내는 것도 좋고, 일찍부터 골프를 가르치는 것도 좋은데 꼭 확인부터 하시라는 겁니다.

'나는 내 아이에 대해 얼마나 알고 있을까? 과연 우리 아이는 내 마음처럼 외고에 가고 싶어 할까?'

성인이 된 사람 중에는 자신의 부모가 닦달해서 외고나 일류대에 보내지 않은 걸 원망하는 사람도 있더라고요. 그러니까 무조건 아이에게 모든 걸 맡기는 위험한 행동은 하지 마시고, 아이들을 위해 일정 부분 가이드를 해 주세요. 그렇게 하기 위해 우선 자기 자식에 대해 잘 파악하시라는 말씀입니다. '가이드'입니다. 절대로 '가 여기'가 아니라.

결론. 아이 스스로 가고 싶은 욕심은 있는데 가는 방법을 모를 때는 부모의 강제적인 방법에 의해 외고를 가는 게 나쁜 일은 아닙니다. 그러나 아이가 갈 맘이 전혀 없는데 부모의 욕심대로 아이를 강요해서 공부를 시킨다면 그것은 역효과를 불러올 것입니다.

독선적인 아버지 때문에 가족들이 몹시 힘들어 합니다

>>> 평화는 쟁취하는 것입니다. 아버지에게서 독립하세요. 사람은 절대 바뀌지 않습니다. 아버지의 독선은 관 속에 들어가야 조용해집니다. 그러니까 그 독선이 힘들다면 당신이 독립해서 집을 뛰쳐나와야 합니다. 결혼이라는 좋은 방법도 있고, 결혼을 하셨다면 분가하는 방법도 있고. 오늘 당장 아버님께 말씀 드리세요.

"아버님, 저 독립하겠습니다."

"뭐 독립을 하겠다고? 네가 나가서 살 집이라도 있어? 개뿔도 없는 것이 무슨 독립은…."

이런 말을 듣기 싫으면 일단 독립할 공간을 확보하고 아버님께 말을 꺼내세요.

"독립할 집을 구했습니다. 저 나가 살게요."

"그래. 나가든 말든 네 맘대로 해라."

"아버님, 몸만 나가는 것이지 제 맘은 여기 두고 나갑니다. 자주 연락드리고 찾아뵐게요."

"그럼 그렇게 해라. 그런데 왜 나가려고 하는 것이냐?"

이때가 바로 기회입니다. 본인은 독립해서 나가더라도 집에 남아 있는 가족들을 위해 한마디 해 주셔야죠.

"아버지의 독선을 더 이상 참을 수가 없습니다. 다른 가족이 또 이 집을 떠나기 전에 아버님의 고집을 좀 고쳐주세요."

그리고 아버님이 폭발하기 전에 집을 나오시면 됩니다. 그런데 한 가지 걱정스러운 점은 당신이 아버지의 독선을 닮지는 않으셨나요? 아버지의 음주가 싫었던 사람은 술을 입에 전혀 대지 않는 사람이 되든가 똑같이 두주불사가 되든가 두 종류인데 후자일 경우가 많다고 하더라고요. 그러니까 본인도 주변 사람들에게 독선적이란 말을 듣지 않는지 귀를 기울여 보세요.

아버지가 독선적이라면 당신도 독선적일 가능성이 매우 높습니다. 아니라고요? 이것 봐, 독선적이구먼.

> 대기업만 지원하는 아들이 안타까운데, 어떻게 용기를 줄 수 있을까요?
>
> Q

>>> 중소기업은 거들떠도 안 보고 대기업만 가려는 젊은이들에게 "중소기업에서 너희들의 꿈과 희망을 펼쳐 보라"는 충고를 하는 사람들이 있던데, 그러다가 그 중소기업이 문을 닫기라도 하면 책임지실 건가요? 젊은이들이 대기업만 찾는 데는 이유가 있습니다. 대기업은 망하지 않을 것이라는 믿음 때문이죠. 물론 대기업이라고 안전한 건 아닙니다. 몇몇 그룹들은 이제 이름조차 사라졌잖아요. 그래도 중소기업보다는 오래가더라고요. 심지어 어떤 그룹들은 나라에서도 뭐라고 못 할 정도로 커져 버렸어요. 그러니까 젊은이들이 그 회사에 가고 싶어 안달인 것입니다.

아드님이 대기업만 노리는 걸 이해해 주세요. 다만 몇 번 낙방을 거듭하다 구직을 포기하지 않도록 신경 써 주세요. 그럴 땐 바로 '충격'

이 필요합니다. 미국에서 성공한 사람 100명을 대상으로 조사를 했더니 세 가지 공통점이 나왔다고 합니다. 첫째, 책을 많이 읽는다. 둘째, 종교가 있다. 셋째, 아버지가 일찍 돌아가셨다. 책을 많이 읽는 사람은 아무래도 다양한 정보를 얻게 됩니다. 종교가 있는 사람은 삶의 방향이 뚜렷하죠. 그러면 아버지가 일찍 죽은 사람은 왜 성공하는 것일까요? 의지할 곳이 없기 때문에 자발적인 노력을 하게 된다는 것이죠.

그러니까 아들에게 확실한 충격을 주기 위해서 이 글을 읽는 아버지가 어떻게 해줘야 할지 심각하게 고민해 보세요. 아들을 위해 목숨을 내놓을 수 없다면 다른 충격요법을 써 보세요. 예를 들어 용돈을 끊는 겁니다.

"다음 달부터 용돈 없다. 학원비나 차비가 필요하다면 벌어서 써라!"

이러면 중소기업이든 어디든 들어가고 봐야겠다는 생각을 하게 됩니다. 어릴 때부터 이렇게 가르쳤어야 하는데…. 다 큰 자식에게 갑자기 돈을 끊겠다고 하면 배 속의 아이에게 탯줄을 자르겠다는 것과 같이 너무나 큰 충격일 것입니다. 그래도 언젠가는 끊어야 할 것이니까 이번 기회에 결단을 내려 보세요. 이런 충격도 효과적입니다.

"아들아, 이 집은 엄마 아빠가 나중에 노후 자금으로 쓸 거야. 그러니까 나가서 독립하거라. 물려줄 재산은 없다."

요즘 젊은이들은 부모로부터는 유산은 받으려고 하고 자녀들에게는 물려주지 않겠다고 생각합니다. 아주 이기적이죠. 그러니까 내 자식을 이렇게 이기적으로 만들지 않으려면, 적어도 개인적으로라도 만들려면 빨리 유산을 포기하도록 만드세요. 정말로 아들에게 용기를 주고 싶다면 아버지가 먼저 용기를 보여주세요.

"아들아, 나도 몇 년 후면 정년이다. 그래서 나도 너처럼 새로운 일자리를 찾으려고 준비 중이야. 우리 집에 취업 준비생이 둘이네. 나는 첫 번째 직업을 고를 때 '돈'만 생각한 것 같아. 나는 너처럼 뒤를 봐주는 아버지가 없어서 그런 결정을 내릴 수밖에 없었지. 이제 와 생각하니 바른 결정은 아닌 것 같구나. 그래서 두 번째는 '나'를 생각하며 고를 거야. 시골로 내려가 내가 좋아하는 과수나무를 길러볼 예정이다. 너는 첨부터 '너'를 위한 직업을 찾아보도록 해라. 어디라도 좋고 어떤 일이라도 좋다. 네가 정말로 좋아서 하는 일이라면 후회는 없을 테니까. 그리고 대기업에서 떨어졌다고 낙심하지 마. 그 회사가 복이 없는 거지. 너 같은 인재를 차 버렸으니. 힘내라 아들."

> 일을 많이 한다고 가족들이 불평합니다.
> 서른이면 한창 일할 때 아닌가요?
>
> Q

 >>> 결혼을 했느냐 안 했느냐에 따라서 대답이 달라집니다.

결혼을 안 했을 경우, 가족 간의 돈독한 정이 부럽습니다. 결혼 안 한 딸이 직장에서 잘리지 않겠다고 열심히 일하고 있는데 격려는 못해 줄망정 주말에 보고 싶다고 화를 내다니… 정말 가족 간의 사랑이 부럽네요. 그냥 열심히 일하세요. 한창 일할 때는 주말에 가족과 함께 하지 않아도 상관없습니다. 양보다 질이란 말이 있잖아요. 주말 내내 함께 만나는 것보다 평일 저녁에 진하게 만나는 게 더 도움이 되기도 합니다. 월급 받으면 가족들을 위해 패밀리 레스토랑에 가서 한턱 쏘세요. 그러면 가족들에게 소홀하다는 불평은 나오지 않을 테니까요.

결혼을 했을 경우, 아무래도 결혼한 주부로서 주말에 야근도 하고 출장도 간다면 부담이 되시겠네요. 그래도 야근할 직장, 출장을 보내

줄 회사가 있다는 것이 다행입니다. 대부분 결혼 뒤에는 퇴사하기를 원하던데…. 그러니까 가정은 약간 소홀하더라도 지금은 회사를 위해 열심히 일하세요. 이것도 몇 년 지나면 일거리가 줄어들어 가정에 충실해지는 시기가 오거든요. 지금이 열심히 일할 나이, 맞습니다.

> 천사표 신랑이지만 제 말을 잘 무시합니다.
> 어떻게 해야 말을 들을까요?
>
> **Q**

>>> 우리나라 보통의 남자를 신랑으로 두셨군요. 원래 남편들이 아내 말은 안 듣고 주변 친구나 동료의 말은 잘 듣습니다. 아내를 무시해서 그런 게 아니라… 아내를 '아주' 무시하기 때문입니다. 남편이 당신의 말을 듣지 않는데도 당신은 그를 '천사표 신랑'이라고 하는 거 보니까 당신이 정말 천사군요. 그러니까 남편이 당신 말을 안 듣는 거예요. 너무 착해서.

저는 아내 말을 잘 듣습니다. 왜냐하면 아버지의 교훈 때문에. 저희 어머니는 초등학교까지 다니셨고 아버지는 나중에 본인 스스로 공부해서 대학원까지 졸업하셨어요. 그러다 보니 아버지는 어머니의 말씀을 좀 무시하시는 경향이 있었어요. 제가 다섯 살 때쯤 절에 놀러 갔는데 어머니가 이렇게 말씀하셨죠.

"여보, 우리 절 앞에 땅 다 삽시다. 나중에 우리 아들이 의사가 되면 병원을 지어주고, 교수가 되면 학교를 지어줍시다."

그때 아버지가 하신 말씀을 저는 똑똑히 기억합니다.

"여편네가 뭘 안다고. 이런 쓸모없는 땅을 사서 뭐 할라고."

그때 놀러 갔던 절이 어딘지 아세요? 강남에 있는 봉은사입니다. 그 뒤로도 아버지는 어머니의 말을 듣지 않으셨죠. 지금은 아버지가 돌아가셨는데 어머니는 아버지 묘를 찾지 않습니다. 왜? 화장해서 날려드렸거든요. 저는 이런 아버지의 피를 물려받아 아내의 말을 무시하려는 경향이 있습니다. 그래도 아내 말을 잘 들으려고 노력합니다. 왜? 화장돼서 날아다니고 싶지 않으니까요.

당신 남편에게도 이 이야기를 들려주세요. 아내 말 듣지 않는 남편의 말로가 어떤지. 여자들은 남자에게 없는 '감'이 있습니다. "여보, 저 친구는 안 만났으면 좋겠는데…"라고 하면 그 친구 만나지 마세요. 그래도 만났다가는 큰돈 떼이거나 사기를 당할 확률이 높습니다. 당신 남편도 언젠가 큰코다쳐 봐야 정신 차릴 겁니다. 그러기 전에 다른 사람의 상처에서 교훈을 얻을 수 있도록 말해보세요.

"여보, 아내 말 안 들은 남편들이 가는 곳이 어딘지 알아? 화장터래."

아내의 대화법에 문제가 있을 수도 있어요. 다른 사람들은 논리적으로 남편 귀에 쏙쏙 들어가도록 말을 하는데, 당신은 논리적이지 못해서 남편이 귀 기울이지 않을 수도 있습니다. 이럴 때는 다음 화법을 구사해 보세요.

"내가 이 문제에 대해서 지식iN에 물어봤더니 어떤 교수님이 이렇게 하라고 하던데….”

"나는 당신 말에 절대적으로 동감인데 내 친구들은 다들 반대를 하더라고.”

그래도 말을 안 들으면 최후의 수단으로 이렇게 말해 보세요.

"여보. 당신은 내 의견보다 다른 사람 말을 잘 듣는 경향이 있는데… 이걸 생각해 봐. 누가 당신 편인지, 누가 가장 당신을 생각하는지, 누가 이 일로 가장 피해를 볼 것인지. 당신이 내 말 안 듣겠다면 나도 최후의 결정을 할 수밖에 없어. 내가 남이 되어 줄게. 그럼 남의 말은 당신이 들을 거 아니냐고. 우리 이제 남남이 되자고요.”

그래도 말 안 듣는 남편이라면… 천사표는 개뿔.

독립 후에도 계속되는 부모님의 과도한 관심, 어떻게 해야 하죠?

Q

   >>> 독립만 했나요? 독립선언을 하셔야죠.

"아버님, 어머님. 합쳐서 부모님. 저희들은 이제 성인입니다. 저희 일은 저희가 책임지겠습니다. 그러니 과도한 간섭은 이제 그만두셨으면 좋겠습니다."

그러면 부모님들은 "오냐, 그렇게 해라. 듣던 중 반가운 소리다"라고 말하지 않고 화를 내실 겁니다. 말이 없으시다면 속으로 화를 내는 중입니다. 일제가 3·1 독립선언 이후로 탄압을 했듯이 보복이 따를 것입니다. 가장 큰 보복은 유산상속을 안 해 주시는 거죠.

그래도 상관없는지 다시 한 번 생각해 보세요. 그건 생각 못했다고 후회되시면 독립선언은 하는 게 아니죠. 진정한 독립은 모든 것, 특히 경제권으로부터의 독립입니다. 부모님께 물려받을 생각이 전혀 없다

면 확실히 독립선언을 하세요. 그렇게 하는 것이 좋습니다.

독립선언을 하면 첨에는 부모님이 서운해하시겠지만 그래도 나중에는 대견하게 생각할 것입니다. 또 성인이라면 그래야 하는 것이고요. 그런데 요즘 젊은이들은 결혼까지 해서도 독립을 못 하는 사람이 많습니다. 독립하려고도 안 해요. 오히려 거꾸로 부모 집에 얹혀살기를 바라는 부부들도 있더군요. 이것도 나쁘지는 않아요. 예전엔 대가족제도 아래서 다 그렇게 살았거든요.

가장 나쁜 것은 경제적인 독립도 못 하면서 간섭만 받기 싫어하는 젊은 부부죠. 질문하신 분이 그렇다는 건 아니고요. 이번 기회에 확실히 독립하세요. 모든 것으로부터. 그게 진짜 성인이랍니다.

배우자와 저의 교육철학이 다른데, 맞춰갈 방법이 있을까요?

Q

 >>> 자식을 두 명 낳으세요. 그리고 한 명씩 맡아서 각자의 교육철학에 따라 키우세요. 그리고 20년 후에 누구의 방식이 더 좋았는지 내기를 해 보세요. 참 재미있겠죠? 어떻게 자식을 놓고 내기를 하냐고요? 그럼 어떻게 자식을 놓고 부부가 교육철학이 다를 수가 있어요?

일단 아이들에게 뭘 가르치기 전에 두 사람이 대화를 해서 교육철학부터 맞춰보시기 바랍니다. 각자 다른 부분은 어느 쪽이 맞는지 전문가의 상담을 받아 보도록 하세요. 전문가 말을 너무 믿지는 마시고요. 전문가는 당신 자녀에 대해 책임을 지지는 않으니까요. 또 전문가의 자식들 중에도 개망나니가 있더라고요. 그러니까 두 분 책임하에 좋은 방법이 뭘까 고민해 보는 겁니다. 이게 자식 키우는 맛 아니겠어요?

그러나 두 분의 의견을 통일시키는 건 매우 어려울 것입니다. 왜냐하면 본인들이 살아온 배경이 다르기 때문에 확실히 차이가 생기거든요. 예를 들어 아이에게 매를 들어야 하는지에 대해서도 의견이 다를 수 있습니다. 이럴 경우 자신의 의견만 고집하지 말고 일단 검색이나 책을 통해 다양한 방법을 알아본 다음 두 사람의 토론을 통해 결정하는 것이 좋습니다. 이런 과정을 통해 자녀 교육도 좋아지지만 부부간에 사랑도 깊어지는 거예요.

기왕이면 아이를 낳고 이런 준비를 할 것이 아니라 신혼 때부터 자녀 교육에 대한 철학을 확립해 나가는 것이 좋습니다. 더 좋기는 데이트 때부터 이런 주제로 대화를 하는 거죠.

"아이를 낳으면 학원을 보내야 할까?"

"아이가 게임에 빠지면 어떻게 해야 하지?"

"공부를 못하면 때려서라도 가르쳐야 하나 말아야 하나?"

준비된 아이와 준비 없이 큰 아이는 너무나 큰 차이를 나타냅니다. 이제 개천에서 용 나는 일은 없습니다. 온천에선 온천수가 나고 4대강에선 녹차라떼가 흐르는 법입니다.

준비된 부모가 되십시오.

국립중앙도서관 출판시도서목록(CIP)

직장인 열에 아홉은 묻고 싶은 질문들 / 지은이: 신상훈.
— 고양 : 위즈덤하우스, 2013
p. ; cm

ISBN 978-89-6086-641-6 13320 : ₩15000

직장 생활[職場生活]

325.04-KDC5
650.1-DDC21   CIP2013024738

직장인 열에 아홉은
묻고 싶은 질문들

초판 1쇄 인쇄 2013년 12월 23일
초판 1쇄 발행 2013년 12월 30일

지은이 신상훈
펴낸이 연준혁

출판 2분사 분사장 이부연
책임편집 윤서진
기획실 배민수
디자인 김준영
제작 이재승

펴낸곳 (주)위즈덤하우스
출판등록 2000년 5월 23일 제13-1071호
주소 경기도 고양시 일산동구 장항동 846 센트럴프라자 6층
전화 031)936-4000 **팩스** 031)903-3891
홈페이지 www.wisdomhouse.co.kr
종이 월드페이퍼 **인쇄·제본** 현문인쇄 **후가공** 이지앤비

값 15,000원 ⓒ 신상훈, 2013
ISBN 978-89-6086-641-6 13320

* 잘못된 책은 바꿔드립니다.
* 이 책의 전부 또는 일부 내용을 재사용하려면 사전에 저작권자와
 (주)위즈덤하우스의 동의를 받아야 합니다.